HOBBES
LE POUVOIR ENTRE DOMINATION ET RÉSISTANCE

ŒUVRES DE THOMAS HOBBES
Édition et traduction sous la direction de Y. Ch. Zarka

Tome II : *Éléments du droit naturel et politique*. Traduction D. Thivet et Y. Ch. Zarka, 2010, 256 pages
Tome VI-2 : *Léviathan*. Traduction du latin F. Tricaud et M. Pécharman, 2004, 560 pages
Tome IX : *Behemoth*. Traduction L. Borot, 1990, 304 pages
Tome X : *Dialogue entre un philosophe et un légiste des Common Laws d'Angleterre*. Traduction L. Carrive et P. Carrive, 1990, 228 pages
Tome XI-1 : *De la liberté et de la nécessité, controverse avec Bramhall I*. Traduction F. Lessay, 1993, 296 pages
Tome XI-2 : *Questions concernant la liberté, la nécessité et le hasard, controverse avec Bramhall II*. Traduction L. Foisneau et F. Perronin, 1999, 456 pages
Tome XII-1 : *Hérésie et Histoire*. Traduction F. Lessay, 1993, 236 pages

Elementa Philosophiae I : *De Corpore*. Édition du texte latin et introduction par K. Schumann, 1999, 528 pages
Elementa Philosophiae II : *De Homine*. Édition du texte latin et introduction par J. Monserrat Molas, 2018, 168 pages

HOBBES SUPPLEMENTA

Directeur : Yves Charles ZARKA

HOBBES
LE POUVOIR ENTRE DOMINATION ET RÉSISTANCE

sous la direction de
Yves Charles ZARKA et **Liang PANG**

PARIS
LIBRAIRIE PHILOSOPHIQUE J. VRIN
6, place de la Sorbonne, V^e^

2022

Imprimé en France

ISSN 2264-8186
ISBN 978-2-7116-3053-0

www.vrin.fr

INTRODUCTION

Yves Charles ZARKA

On croit souvent pouvoir résumer la pensée politique de Hobbes en quelques formules bien frappées dont d'ailleurs il est lui-même l'auteur : « homo homini lupus », « bellum omnium contra omnes », etc. On croit avoir tout compris à la première lecture et peut-être même avant cette lecture. On croit donc que Hobbes est un auteur facile, immédiatement compréhensible, aisément restituable.

Rien n'est plus faux. Hobbes est un penseur politique majeur de l'époque moderne, sans doute le plus important parce qu'il met en place la structure dans laquelle la pensée politique des siècles suivants va s'inscrire. Il en est ainsi du concept d'état de nature, de la convention sociale, de la théorie de la liberté, du droit naturel, de celle des lois civiles et de la redéfinition de la problématique théologico-politique. Locke, Pufendorf, Rousseau, mais aussi Kant et Hegel et beaucoup d'autres, quelles que soient les critiques qu'ils adressent à l'auteur du *Léviathan*, s'inscrivent dans la structure de la pensée politique qu'il a dessinée.

Or, le trait particulier d'une grande pensée politique est d'appréhender le politique dans sa complexité, elle ne peut donc être elle-même que complexe, c'est-à-dire qu'elle compose différentes approches d'un même phénomène. Il est clair que la notion de pouvoir est au centre de cette pensée politique. Hobbes est même le seul penseur à donner une définition claire du pouvoir dans ses différents aspects (chapitre X du *Léviathan*). Mais cette notion même est complexe, le même terme anglais *power* est transposé dans les œuvres latines en deux termes *potentia* (la puissance d'un homme, d'un groupement d'individus, ou d'un État, c'est-à-dire sa capacité à produire des effets) et *potestas* (la puissance revêtue du droit, en particulier celle de l'État). Il en est de même de la notion de liberté. Celle-ci est définie le plus souvent par l'absence d'obstacles extérieurs, mais au milieu du chapitre XXI, Hobbes dit que la vraie liberté d'un sujet (*the true liberty of a subject*) est la possibilité d'accomplir des actes contraires aux commandements du souverain, sans injustice. Pour prendre un dernier exemple, mais il y en aurait beaucoup d'autres, Hobbes dit dans le chapitre XVII du *Léviathan* que, les sujets ayant autorisé tous les actes du souverain sont eux-mêmes les auteurs du châtiment qu'ils pourraient endurer s'ils venaient à agir contre les lois. Et pourtant au chapitre XXVIII du *Léviathan,* sur les châtiments et les récompenses, il affirme que personne n'a jamais pu donner à un autre (fût-ce au souverain) le droit de lui faire violence. Est-ce à dire pour autant que Hobbes se contredit lui-même ou que sa pensée comporte des incohérences ? Certainement pas. Non qu'il s'agisse de vouloir introduire, en forçant les textes, une cohérence qui n'existerait pas, mais de comprendre la complexité de cette pensée qui dit autre chose que ce que l'on croit immédiatement.

C'est exactement ce dont il est question dans cet ouvrage à propos du pouvoir. Il s'agit de rendre compte de la complexité de la pensée de Hobbes à cet égard tant au point de vue historique qu'au point de vue philosophique. La tension entre domination (du côté du souverain) et résistance (du côté des sujets) est au centre de la notion du pouvoir de l'État chez Hobbes. En résultent une nouvelle théorie du droit politique et une nouvelle théorie du droit de résistance des individus.

Pour analyser les rapports entre droit de domination et droit de résistance, c'est-à-dire la nouvelle configuration du rapport entre le pouvoir politique et les individus, il fallait tout d'abord mettre en évidence la mutation que Hobbes fait subir au statut du gouvernant. Xavier Gendre étudie ainsi la figure du gouvernant qui exerce le droit de domination et contre lequel le droit de résistance doit pouvoir s'affirmer. Il montre comment s'opère la mutation de l'image idéale du prince définie dans le genre « des miroirs des princes » au souverain moderne. C'est avec Hobbes que la figure idéale du prince, qui était fondée sur la moralité, le droit divin et des héros historiques, est radicalement remplacée par celle proprement politique du souverain. Mais il fallait également aborder la mutation corrélative du droit de résistance, c'est-à-dire le moment où la conception traditionnelle d'une résistance publique à la tyrannie se transforme en idée nouvelle d'un droit de résistance individuel. La pensée d'Althusius appartient à la conception traditionnelle. Le droit de résistance individuel apparaît seulement chez Grotius, mais sous une forme résiduelle, puisque Grotius dénonce toute résistance au souverain. La mutation décisive est accomplie par Hobbes à partir de sa lecture critique de Grotius. Chez le philosophe anglais, l'individu a un droit inaliénable de résister au pouvoir politique, mais ce droit n'est plus d'emblée collectif, bien qu'il puisse le devenir. La double mutation du statut du gouvernant, d'une part, et de la notion de résistance, d'autre part, est ainsi pleinement accomplie dans l'œuvre de Hobbes.

Il fallait également aborder les tensions entre domination et résistance, c'est le point qu'aborde James Griffith en étudiant le rôle politique de la mère chez Hobbes à travers la question suivante : comment la mère perd-elle la domination qu'elle avait pourtant sur l'enfant dès la naissance de celui-ci. Au-delà de ce cas particulier, John Dunn dévoile le dilemme sur le plan du jugement entre le droit de commander du souverain et l'obligation d'obéir des sujets chez Hobbes. D'une part, les sujets jugent individuellement de leur propre sécurité et ne peuvent abandonner leur droit de résister par contrat, d'autre part, la constitution et la préservation de la République exigent de chacun le transfert de sa capacité de jugement au souverain seul. À partir de ce dilemme, est examinée la possibilité, la légitimité et les conséquences de la rébellion chez Hobbes.

Mais s'il est un point où la tension, voire la contradiction, entre le droit de dominer et le droit de résister se pose par excellence, c'est la question du droit de punir. Ainsi, Liang Pang examine le fondement juridique du droit de punir chez Hobbes. En effet, le droit de punir constitue une partie essentielle de la souveraineté. Mais comment peut-il s'accorder alors avec le droit individuel inaliénable de se défendre? Le système politique hobbesien ne pourrait se maintenir sans résoudre cette difficulté. La réponse à cette difficulté majeure tient sans doute à ce que le droit de punir du souverain ne trouve pas son fondement *a priori*, ni dans l'état de nature, ni dans le contrat social. En revanche, il pourrait avoir un fondement *a posteriori* dans la manière dont le pouvoir est exercé.

Les moments où les rapports entre le pouvoir politique et les individus entrent en crise sont ceux où la société entre en effervescence et où elle risque de dériver vers la destruction de l'État. Francesca Pirola montre ainsi que la corruption du peuple est l'une des causes principales de la dissolution de l'État. En analysant le texte du *Béhémoth*, dans le contexte de la guerre civile anglaise, elle montre qu'il peut y avoir une double corruption du peuple : la démagogie due aux différentes sectes religieuses et autres, mais aussi l'ignorance du peuple en matière de droits et de devoirs. Elle met aussi en évidence les remèdes proposés par Hobbes afin d'éviter la corruption du peuple et de sauver le corps politique.

La question demeure du statut de la liberté dans cette tension et ces crises entre domination et résistance. C'est le thème qu'aborde Raffaella Santi en s'interrogeant sur un point qui a fait scandale aussi bien dans l'histoire de la pensée politique que chez les commentateurs contemporains de Hobbes : le fait que le philosophe anglais dise que la liberté des sujets à Constantinople (modèle de la tyrannie orientale) est aussi grande que celle des citoyens à Lucques (ville qui porte sur son fronton le mot *Libertas,* symbole de la liberté républicaine). Il fallait d'abord rendre compte du choix de ces deux villes. Or, R. Santi montre, pour la première fois, les raisons de ce choix dans la lecture que Hobbes fait de textes historiques et géographiques du XVIe siècle. Au-delà de ce repérage historique, elle montre aussi la dimension rhétorique de la mise sur le même plan de ces deux villes traditionnellement conçues comme opposées. Finalement, l'enjeu pour l'auteur du *Léviathan* est de définir une *Civitatis libertas* qui convient à toutes les formes de gouvernement.

Mais le rapport entre domination et résistance se joue également en cas de guerre interétatique. Maira Matthes examine ainsi les justifications de la guerre préventive chez Hobbes. Elle montre que ces justifications relèvent d'une logique strictement conséquentialiste. Elle tâche ensuite de comparer les arguments hobbesiens avec le cadre juridique contemporain où le recours à la force est en principe interdit. Matthes tente de montrer que la rationalisation hobbesienne ne peut s'appliquer à la logique de légitime défense de nos jours en vertu de son impact négatif sur les conflits armés non-internationaux.

Pour conclure l'ouvrage, Vincenzo Sorrentino revient sur la lecture critique que Foucault fait de Hobbes, dans la mesure même où la question du statut et de l'exercice du pouvoir sur les corps des sujets est centrale chez les deux penseurs, bien que leurs réponses soient bien sûr opposées. Sont ainsi abordés les cinq aspects de la lecture foucaldienne : le pouvoir étatique central confronté aux micro-pouvoirs ; le pouvoir souverain censé assurer la paix, mais continuant la guerre par d'autres moyens ; la légitimité qui cache le fait de la domination ; le sujet supposé s'assujettir opposé au sujet constitué par les rapports de pouvoir ; le pouvoir souverain en tant que droit de vie et de mort face au bio-pouvoir moderne.

DES MIROIRS DES PRINCES À L'IDÉAL TYPE DE LA SOUVERAINETÉ

Xavier GENDRE *

Penser le droit de domination et le droit de résistance à l'époque moderne nous amène inévitablement à réfléchir par qui et contre qui ils s'exercent. De fait, il faut alors se pencher sur la représentation du pouvoir et de celui qui en a l'exercice, dans le cadre de sa légitimité à gouverner. Avant d'aboutir à une conception juridique de l'État et à une représentation idéelle, abstraite et théorique, de la figure du souverain, il est nécessaire d'observer en amont les transformations dont la figure de ce dernier a fait l'objet durant les siècles précédant la fixation théorique de la notion de souveraineté, de Jean Bodin à Thomas Hobbes. Il s'agira donc ici de tracer les principales lignes de force de la représentation du gouvernant et de ses évolutions, à savoir la figure du prince durant l'Ancien Régime.

Au sortir du Moyen Âge, la figure du prince était essentiellement définie dans le genre littéraire et politique des « miroirs des princes », du latin *specula principis*. Ce genre, empruntant son nom à la métaphore du miroir en politique, constituait alors le principal support de réflexion tant sur le bon gouvernement que sur la figure idéale du prince qui l'exerçait. S'il faut en donner une définition, nous pouvons la formuler ainsi : « Un [miroir des princes] est un traité écrit pour un prince – et en général dédié à lui d'une façon ou d'une autre – qui a pour objet principal de décrire le prince idéal, son comportement, son rôle et sa situation au monde »[1], à savoir un groupe constitué d'œuvres instruisant « le prince de ce qu'il doit

* PHILéPOL, Université de Paris.

1. E. Már Jónsson, « La situation du *Speculum regale* dans la littérature occidentale », *Études germaniques*, 42, 1987, p. 394.

être, savoir et faire pour bien diriger son État »[1]. Ajoutons que le genre des miroirs des princes pouvait prendre, durant l'Ancien Régime, d'autres formes littéraires que celle du traité politique et être composé sous forme de dialogues, poèmes, discours, lettres ou encore sermons. Une fois cette définition posée, il est alors possible de distinguer, à l'intérieur même de cet ensemble, une gradation propre au corpus. Cette distinction permet ainsi d'organiser le genre des miroirs en quatre groupes stratifiés[2]. Le premier regroupe les miroirs les plus sommaires qui se contentent d'énumérer les vertus nécessaires au prince ainsi que les vices à éviter. La seconde catégorie y ajoute le portrait du prince idéal, brossé par une galerie de modèles de rois historiques, bibliques ou antiques. Le troisième groupe englobe les œuvres qui, là encore, énumèrent les vertus du prince, tout en décrivant le bon gouvernant dans l'exercice du pouvoir. Ils proposent donc d'élargir cette vision idéale, ajoutant aux caractéristiques que le prince doit posséder, la manière dont celui-ci doit s'en servir dans l'exercice de la royauté. La quatrième et dernière catégorie décrit également la vision du prince idéal ainsi que la pratique du pouvoir, tout en l'intégrant dans un questionnement plus général sur la notion de royauté.

Héritage antique de la métaphore littéraire du miroir comme outil d'embellissement moral, reflet d'une réalité nécessaire d'être corrigée ou d'une image idéale permettant la correction de l'homme, le genre des miroirs des princes trouve ses premiers exemples chez les orateurs romains. Cicéron écrit dans son traité *De Republica*, au sujet du choix du dirigeant, qu'il « ne lui impose qu'un seul devoir, car celui-là comprend tout le reste : c'est de s'étudier et se régler constamment lui-même, afin de pouvoir appeler les autres hommes à l'imiter, et de s'offrir lui-même, (…), comme un miroir à ses concitoyens »[3]. Le prince est ici modèle de vertu pour ses sujets. Il est ainsi le miroir dans lequel ils doivent se regarder. Mais le prince-miroir n'est pas encore le miroir des princes, même s'il le présuppose. C'est chez Sénèque que nous retrouvons l'une des premières formulations de cette seconde idée. Dans son traité *De Clementia*, l'auteur utilise en ouverture de son ouvrage l'image dans ce

1. M. Senellart, *Les arts de gouverner : du « regimen » médiéval au concept de gouvernement*, Paris, Seuil, 1995, p. 45.

2. E. Már Jónsson, « La situation du *Speculum regale* dans la littérature occidentale », art. cit., p. 395-397. Nous reprenons la typologie de l'auteur, qu'il partage en partie avec H. H. Anton, *Fürstenspiegel und Herrscherethos in der Karolingerzeit*, Bonn, L. Röhrscheid, 1968.

3. Cicéron, *De Republica*, II, XLII, dans *Œuvres complètes*, dir. M. Nisard, t. IV, Paris, L. de Firmin Didot Frères, 1864.

sens nouveau, celui du miroir au prince: « Je me suis proposé, Néron, d'écrire sur la clémence, pour vous tenir lieu comme d'un miroir qui vous mît en face de vous-même, et vous fît voir à quelle sublime jouissance il vous est donné d'arriver »[1]. Il est à supposer que l'utilisation de cette image par Sénèque constitue l'origine probable du terme « miroirs des princes » au Moyen Âge[2]. En effet, cette source, très bien connue des auteurs médiévaux, dut influencer les premiers traités de morale de la Renaissance carolingienne, où se retrouve pour la première fois depuis l'Antiquité, si ce n'est le terme, du moins l'image du miroir au prince.

Le genre même des *specula principis* évolua au fil des siècles et il est intéressant de remarquer que leurs titres permettent de prendre conscience de cette évolution ainsi que de l'idéal auquel ils aspirent. Après le miroir médiéval, catalogue normatif de vertus, le XVIe siècle voit apparaître les premières « institutions » du prince, qui mettent un accent plus prononcé sur la notion d'éducation. De plus, la réflexion sur la personne du prince participe au même schéma de recherche d'harmonie, de paix et d'organisation de l'Homme dans la cité mis en avant par l'Humanisme. Dans ce désir idéaliste les auteurs s'emploient donc à concevoir une formation du roi, conciliant morale et politique. Dans des temps marqués par les conflits, ils imaginent le bonheur des peuples rendu possible par l'institution d'un prince sage et lettré, mêlant en sa personne préceptes antiques et vertus chrétiennes[3]. Il n'est pas innocent de remarquer que le XVIIe siècle voit ensuite les premières « instructions » au prince, qui entendent fixer et consolider la charge royale comme une réelle fonction pratique et mettent en avant le rôle du précepteur en charge de l'éducation du dauphin et des enfants de cour[4]. Le contenu des miroirs déborde alors de l'idéal médiéval et humaniste, dès la fin du XVIe siècle, pour s'orienter vers des conseils et des pratiques de gouvernement plus réalistes, amorçant dans une certaine mesure « la mutation du miroir du prince en livre d'État, la comptabilisation des forces se [substituant] au catalogue de vertus »[5]. Le XVIIIe siècle,

1. Sénèque, *De Clementia*, I, 1, dans *Œuvres complètes*, trad. fr. J. Baillard, t. II, Paris, L. Hachette, 1861.

2. P. Hadot, « Fürstenspiegel », in *Reallexikon für Antike und Christentum*, Stuttgart, Hiersmann, 1972, t. 8, col. 584; P. Stacey, *Roman monarchy and the renaissance prince*, Cambridge, CUP, 2007, p. 37.

3. P. Mesnard, *L'essor de la philosophie politique au XVIe siècle*, Paris, Boivin, 1936, livre premier « Renaissance païenne et humanisme chrétien », p. 17-179.

4. Voir P. Mormiche, *Devenir prince. L'école du pouvoir en France XVII-XVIIIe siècles*, Paris, CNRS, 2009, p. 28-42 (« De l'Institution à l'instruction »).

5. M. Senellart, *Les arts de gouverner*, *op. cit.*, p. 55.

quant à lui, voit naître une nouvelle réflexion plus générale sur l'éducation : l'hérédité du trône, un comportement vertueux ainsi qu'une pratique régulée de la charge royale ne suffisent plus à rendre un prince apte au gouvernement. L'acquisition d'un savoir spécifique est rendue nécessaire au prince comme à tout enfant, parallèlement au débat des Lumières sur l'éducation[1]. Dans une perspective éducative considérant la personne du roi au même titre que celle d'un homme commun, mais chargée d'une fonction extraordinaire, le miroir des princes, dès la seconde moitié du XVIIIe siècle, se verra alors remettre en cause jusqu'à sa négation.

Dans l'histoire des idées politiques, une première fracture mit à mal le genre des miroirs et la conception du prince héritée de la pensée médiévale et humaniste. Jusqu'au début du XVIe siècle, la figure du prince se concevait selon des normes essentiellement éthico-religieuses, relayant ainsi les figures normatives du « prince chrétien », établie selon un catalogue spécifique de vertus morales et du prince « philosophe », sage et lettré, reprise du modèle platonicien du bon gouvernant. L'Italie de la fin du XVe siècle devait donc voir ressurgir dans le discours sur le bon gouvernement des notions antiques telle que prudence, fortune et vertu, comme chez les humanistes Francesco Patrizi et son *De Regno et regis institutione* (1481-1484) et Giovanni Pontano et son *De principe* (1493). Il ne s'agissait plus alors de s'interroger sur le choix du régime politique mais sur la nécessité de former le prince à une sagesse, une « sapience » – *sapienza* –, seul remède à la dérive de la souveraineté du prince vers la tyrannie. Le miroir des princes se construisait alors selon un double modèle, figurant dans un sens l'image du bon prince et renvoyant également l'image de la perversion du bon gouvernement, basée sur la figure du tyran[2]. Le cadre humaniste dans lequel a pu fleurir le genre du miroir des princes s'est cependant vu remettre en cause suite à l'émergence de la pensée de Machiavel. Ce dernier redéfinit, dans le contexte des guerres d'Italie, la conduite politique et morale du prince selon des modalités provoquant une réelle rupture avec la tradition éthico-religieuse. Dans son œuvre, *Le Prince*, il développe en effet une nouvelle image de celui-ci, basée en partie sur la tradition qui le précède, en reprenant notamment à son compte la forme traditionnelle du

1. R. Chartier, M.-M. Compère, D. Julia, *L'éducation en France du XVIe au XVIIIe siècle*, Paris, SEDES, 1976, p. 207-229.

2. M. Turchetti, *Tyrannie et tyrannicide de l'Antiquité à nos jours*, Paris, P.U.F., 2001 ; H. Casanova-Robin, « De l'éducation du prince au spectre du tyran. Réflexions sur l'*humanitas* dans le *De principe* et le *De immanite* de Giovanni Pontano », dans L. Boulègue, H. Casanova-Robin et C. Lévy (dir.), *Le Tyran et sa postérité*, Paris, Classiques Garnier, 2013, p. 289-314.

miroir des princes qu'il réutilise à ses fins et la rhétorique humaniste qu'il redéfinit. Dans le chapitre XV, « Des choses pour lesquelles tous les hommes, et surtout les princes sont loués ou blâmés », il exprime ainsi son projet :

> Il reste à examiner comment un prince doit en user et se conduire, soit envers ses sujets, soit envers ses amis. Tant d'écrivains en ont parlé, que peut-être on me taxera de présomption si j'en parle encore ; d'autant plus qu'en traitant cette matière je vais m'écarter de la route commune. Mais, dans le dessein que j'ai d'écrire des choses utiles pour celui qui me lira, il m'a paru qu'il valait mieux m'arrêter à la réalité des choses que de me livrer à de vaines spéculations. Bien des gens ont imaginé des républiques et des principautés telles qu'on n'en a jamais vu ni connu. Mais à quoi servent ces imaginations ? (...) Il faut donc qu'un prince qui veut se maintenir apprenne à ne pas être toujours bon, et en user bien ou mal, selon la nécessité [1].

Coupant court à la tradition morale humaniste, Machiavel forge donc une nouvelle image du prince qu'il plonge dans la réalité effective de la chose politique : « ne pas quitter le bien, quand il le peut », mais « savoir entrer dans le mal quand cela lui est nécessaire » [2]. Ainsi formulée, la figure du prince nouveau, établi sur un coup de la Fortune et dont la finalité doit être de se maintenir, déborde du cadre éthique établi qui définissait jusqu'alors le bon prince, notamment dans son rapport à la religion, faisant ainsi tomber le genre des miroirs dans le discrédit et « voler en éclat le cadre de l'éthique gouvernementale traditionnelle » [3], brisant par là-même le miroir. Aux figures vertueuses du prince chrétien et sages du prince philosophe, succède donc, par la pensée machiavélienne, un prince forgé sur des figures historiques à même de servir de modèles pour la réussite de la conduite des hommes.

Au même moment, au nord des Alpes, Érasme livrait lui aussi sa vision de la figure politique du prince. Dans son *Institutio principis christiani* – l'Institution du prince chrétien –, l'humaniste imagine un prince rassemblant dans sa personne, morale chrétienne et connaissances antiques, ce qu'a appelé Pierre Mesnard sa « philosophie chrétienne » [4],

1. Machiavel, *Le Prince*, Paris, Les classiques des sciences sociales, 1962, p. 61-62.

2. *Ibid.*, p. 130.

3. M. Senellart, « Justice et bien-être dans les Miroirs des princes de Osse et Seckendorff », dans A. De Benedictis, *Specula principum*, Frankfurt am M., Klostermann, 1999, p. 243.

4. P. Mesnard, *L'essor de la philosophie politique au XVIe siècle*, *op. cit.*, p. 102. Voir aussi *id.*, *Érasme : la philosophie chrétienne*, Paris, Vrin, 1970.

tout en entendant fixer l'éducation nécessaire à la conduite du royaume. Il serait aisé de tomber dans l'écueil de confronter son texte à celui du secrétaire florentin. Cependant il faut comprendre qu'Érasme écrit son traité indépendamment de Machiavel, qui a certes déjà rédigé le sien mais ne l'a pas encore publié, cette œuvre demeurant « alors inconnue de l'humaniste néerlandais et absente de son monde intellectuel »[1]. Dans un langage neuf pour l'époque, il considère une autorité du prince établie par le consentement du peuple, selon un pacte scellé entre souverain et sujets : « Le bon prince évalue toute chose en se référant à l'intérêt public, faute de quoi il ne serait pas même un bon prince. (...) Une bonne partie de l'autorité repose sur le consentement du peuple : c'est ce consentement qui, à l'origine, a créé les rois »[2]. Dans les faits, la figure du prince érasmien servit de modèle pour les auteurs français de miroirs, durant tout le XVIe siècle, reprenant, pour la plupart, jusqu'au titre même de l'œuvre. Le prince est ainsi toujours considéré comme le vicaire de Dieu sur Terre, dont il hérite la « souveraine puissance » devant lui permettre de reproduire dans le royaume des hommes la monarchie divine. Formé, en filigrane, sur une base chrétienne, construit dans un syncrétisme de références bibliques et antiques, véritable parangon de vertus, le prince se doubla alors, dans les miroirs du XVIe siècle, de particularismes propres à la monarchie française. Les auteurs de ces miroirs, dans le contexte des guerres de Religion, dessinent l'image d'un prince champion du catholicisme – minimisant alors l'autorité de leurs sources antiques –, héraut de la concorde et de la paix en des temps de troubles confessionnels ou défenseur du gallicanisme, tout en définissant le modèle du tyran selon la figure du prince machiavélien. En définitive, sans pour autant construire leurs œuvres de manière mimétique, les auteurs de miroirs, au XVIe siècle en France, sont pourtant redevables envers Érasme de la base sur laquelle ils construisirent leur image du prince, tout en l'accordant au contexte politique et religieux de leur temps. Il est indéniable cependant qu'ils partagent avec lui, cette vision spéculative qui « marque la majorité des Institutions du prince du XVIe siècle », recommandant « une éducation théorique plutôt qu'empirique : le savoir [étant] censé primer sur l'expérience »[3].

1. Érasme, *La formation du prince chrétien*, éd. M. Turchetti, Paris, Classiques Garnier, 2015, introduction, p. 20.

2. *Ibid.*, § 11.10, p. 403.

3. L. Petris, *La plume et la tribune : Michel de L'Hospital et ses discours* (*1559-1562*), Genève, Droz, 2002, p. 80.

Dans le contexte des guerres de Religion au XVIe siècle, la remise en cause de la légitimité du pouvoir monarchique et les nombreuses attaques contre celle-ci impliquèrent la nécessité de la repenser et de « donner à la monarchie une base doctrinale susceptible d'en consolider l'autorité »[1]. Devant l'échec des *institutions* dont le but était de réfléchir sur la formation du prince et de légitimer son pouvoir affaibli par le conflit, l'intervention de juristes se proposait de redéfinir non seulement le prince en des termes plus rationnels mais aussi l'État lui-même. En 1576, Jean Bodin s'attache dans ses *Six livres de la République* à définir de manière stricte la notion de souveraineté. Jusque-là entendue comme la « souveraine puissance » du prince héritée de son élection divine en tant que chef du corps politique et représentant du pouvoir divin sur Terre, la souveraineté chez Bodin se retrouve désormais redéfinie dans un cadre constitutionnel. S'il s'agit toujours d'une « puissance absolue et perpétuelle »[2], son exercice se fait dans un cadre strict non pas dans le but de la diminuer mais de la réguler. En lui imposant des limites, à savoir le respect des lois naturelles et divines, Bodin impose à la souveraineté des limites constitutionnelles qui ont pour finalité de « régler la puissance selon un certain usage sans l'amoindrir »[3]. L'idée de souveraineté chez Bodin constitue en effet une théorie juridique du pouvoir – et non plus politique et historique comme chez Machiavel – et désigne dans son œuvre un pouvoir « unifié, indivisible et suprême attribué à un être impersonnel, l'État »[4]. Il la conçoit en premier lieu comme un pouvoir de commandement, selon son vocabulaire une « puissance », qui peut se retrouver dans d'autres endroits que le gouvernement politique, à l'exemple de la puissance privée du père de famille dans son ménage. Ce qui distingue cependant ce pouvoir politique, ce sont les particularismes de sa souveraineté : elle n'est ni limitée en puissance, en charge et en temps, elle est indivisible et permet la maîtrise du droit positif.

La pensée bodinienne ne resta pas sans influence sur la réflexion politique dans la France du premier XVIIe siècle. Sa théorisation de la souveraineté, même si elle fut critiquée, ne manqua pas de trouver écho dans le genre des miroirs. Pierre Charron, dans son traité *De la Sagesse*, définit le pouvoir monarchique en se basant essentiellement sur la pensée de

1. Article « Jean Bodin », dans Ph. Raynaud et S. Rials (dir.), *Dictionnaire de philosophie politique*, Paris, P.U.F., 1998, p. 56.

2. Jean Bodin, *Les six livres de la République*, éd. M. Turchetti, Paris, Classiques Garnier, 2013, livre premier, chap. VIII.

3. Y. C. Zarka, *Philosophie et politique à l'âge classique*, Paris, P.U.F., 1998, p. 117.

4. Article « Souveraineté », dans *Dictionnaire de philosophie politique*, *op. cit.*, p. 626.

Bodin. Dans le chapitre 45 du premier livre, « De l'estat, souveraineté, souverains », il en donne une définition quasi identique :

> Après la puissance privée, [il] faut venir à la publique de l'état. L'état, c'est-à-dire la domination, ou bien l'ordre certain en commandant et obéissant, est l'appui, le ciment et l'âme des choses humaines, c'est le lien de la société, qui ne pourrait autrement subsister; c'est l'esprit vital qui fait respirer tant de milliers d'hommes, et toute la nature des choses. (...) Souveraineté est une puissance perpétuelle et absolue, sans restriction de temps ou de condition : elle consiste à pouvoir donner loi à tous en général, et à chacun en particulier, sans le consentement d'autrui, et n'en recevoir de personne; et, comme dit un autre, à pouvoir déroger au droit ordinaire. La souveraineté est dite telle et absolue, pour ce qu'elle n'est sujette à aucunes lois humaines, ni siennes propres [1].

La connaissance de cette souveraineté, comme celle des détails législatifs et historiques liés à la constitution et à la transmission du pouvoir [2], participait chez Charron d'une connaissance plus générale sur l'État que devait acquérir le prince afin de gouverner. Elle participait en effet de la prudence politique qui recouvrait un savoir des choses nécessaires et les actions qu'il présupposait afin de « bien gouverner, se maintenir en autorité et bienveillance des sujets ». Si l'œuvre de Bodin, reprise par Charron, permit donc de donner un cadre juridique à l'État et de rationnaliser l'exercice politique de la souveraineté par le prince, elle n'évacua pas entièrement la conception spéculative du prince et de sa formation. Dans le livre troisième de son traité, qui participe du genre des miroirs, Charron formule alors quels sont les devoirs du souverain :

> Le souverain comme médiateur entre Dieu et les peuples, et débiteur à tous deux, se doit toujours souvenir qu'il est l'image vive, l'officier et lieutenant général du grand Dieu son souverain, et aux peuples un flambeau luisant, un miroir éclatant, un théâtre élevé, auquel tous regardent, une fontaine en laquelle tous vont puiser, un aiguillon à la vertu (...). Il doit être premièrement craignant de Dieu, dévot, religieux, observateur de piété, non seulement pour soi et sa conscience, comme tout autre homme, mais pour son état de souverain [3].

1. Pierre Charron, *De la Sagesse*, Bourdeaus, Simon Millanges, 1601, livre I, chap. XLV, p. 253-254.

2. C. Gaiu, *La prudence de l'homme d'esprit. L'éthique de Pierre Charron*, Bucarest, Zeta Books, 2010, p. 133.

3. Pierre Charron, *De la Sagesse*, *op. cit.*, livre III, chap. XVI, p. 673-674.

Enfin, pour achever cette galerie de figures du souverain, il faut considérer ce qui en représente la rupture la plus totale d'avec la tradition. Thomas Hobbes, lecteur de Machiavel et de Bodin, dont il ne cache pas son inspiration, va proposer une théorie de l'État souverain issue d'un « contrat social » alors même que la littérature absolutiste continuait de partager une conception du pouvoir du souverain qui se pensait en termes de droit divin. En mettant fin de manière définitive au fondement de la légitimité du pouvoir sur des principes théologiques, il conçoit une souveraineté basée sur une convention permettant aux hommes de se donner eux-mêmes leurs propres lois et institutions, indépendamment de toute volonté divine. Il remet ainsi en cause de manière radicale l'idée ancienne de constitution avec une définition abstraite de la monarchie absolue[1]. Le caractère absolu de la souveraineté pensée par Hobbes ne doit plus se penser en termes de puissance mais concerne le droit, à savoir le « droit reconnu au souverain de faire tout ce qu'il juge nécessaire pour assurer la sécurité des citoyens »[2]. Ce souverain n'est désormais plus à comprendre comme l'unique figure du prince mais comme le détenteur réel de la souveraineté absolue et légitime : « Le souverain absolu, c'est le souverain réel, doté des prérogatives "inaliénables et inséparables" qui constituent l'essence de la souveraineté »[3]. Cependant le « seul détenteur d'un droit de nature intact, le souverain n'en est pas moins soumis aux obligations de la loi naturelle, qui tendent à l'instauration et au maintien de la concorde entre les hommes »[4].

En définitive, Hobbes va aller encore plus loin dans la redéfinition de la figure du gouvernant. En évacuant toute référence à une personnalisation du détenteur de la souveraineté, il provoque une rupture totale avec ses prédécesseurs. En ne basant plus la figure du prince sur un idéal moral et religieux, sur un modèle légitimé par des figures historiques et en rompant avec l'idée d'une monarchie de droit divin, il construit alors une figure idéelle, entièrement abstraite et théorique du détenteur de la souveraineté. La figure du prince se retrouve ainsi effacée, permettant le passage du multiple à l'un, d'une multiplicité d'individus devenant une seule et unique personne civique[5].

1. Y. C. Zarka, *Philosophie et politique à l'âge classique*, *op. cit.*, p. 119.

2. F. Lessay, « Souveraineté absolue, souveraineté légitime », dans Y. C. Zarka (dir.), *Thomas Hobbes. Philosophie première, théorie de la science et politique*, Paris, P.U.F., 1990, p. 276.

3. *Ibid.*, p. 277.

4. *Ibid.*, p. 276-277.

5. Y. C. Zarka, *Philosophie et politique à l'âge classique*, *op. cit.*, p. 123.

Ce qu'Yves Charles Zarka a appelé « l'effacement du type héroïque chez Hobbes »[1] représente parfaitement l'opposition du prince vertueux des *institutions* humanistes et jusqu'au milieu du XVIIe siècle, à sa figure juridique qui trouve son aboutissement dans le *Léviathan*. En effet, le prince, jusqu'alors figure unique de la représentation de la souveraineté, se concevait en premier lieu par ses qualités naturelles le rendant apte à l'exercice de sa charge ainsi que par une formation devant lui apporter le savoir nécessaire. Chez Hobbes, la question de l'éducation du prince et son acquisition d'une « science du gouvernement » est absente et se retrouve alors déplacée dans la constitution de l'État lui-même. Contrairement à la tradition des miroirs qui s'évertuait à représenter la figure idéale du prince dans l'exercice de la souveraineté, Hobbes développe une théorie politique basée sur une « convention sociale fondatrice » dont la fonction est de « fournir les conditions juridiques de l'existence du pouvoir » et non plus de « désigner le type d'homme qui sera apte à l'assumer »[2]. Il exprime en cela la transformation permettant le passage de la théorie politique du miroir du prince, prenant à sa charge la description des vertus qui participaient à la figure du bon gouvernant, à la « rationalisation des mécanismes du pouvoir et de l'institution de l'État »[3].

En conclusion, ce panorama, sur deux siècles et demi, des diverses conceptions et constructions de la figure du prince et du souverain a pour but de faire prendre conscience de la transformation de celle-ci, dépendamment de la réflexion sur l'exercice de sa charge politique et de son autorité, au travers notamment de la théorisation de la souveraineté. D'une figure normative, basée sur le double modèle du prince chrétien et sage conçu selon des normes éthico-religieuses, puisant son autorité et sa puissance dans l'origine divine de son pouvoir, puis remis en cause par la rupture engendrée par Machiavel le refondant alors selon un modèle historique et sociologique, la figure du souverain se vit redéfinie, au sortir des troubles confessionnels, dans un cadre juridique dont la finalité dépassait le simple exercice de son autorité. Cette dernière, conçue selon une vision essentiellement spéculative se retrouva plongée dans la réalité de l'efficience politique et, par la suite, fut imaginée de fait comme une réelle « science du gouvernement » dont seules la formation et la connaissance

1. Y. C. Zarka, « Deux interprétations de Hobbes. Hobbes et la pensée politique moderne », *Le Débat*, 4/96, 1997, p. 94.

2. *Ibid.*

3. *Ibid.*

des forces de l'État pouvaient en assurer l'acquisition. C'est dans le contexte de l'Angleterre du milieu du XVIIe siècle que cette même figure aboutit à une conception idéelle, abstraite et théorisée et ne se construisant plus selon des modalités antérieures. La figure du souverain chez Hobbes – ou l'absence d'une figure du souverain – pour ne pas parler du prince, ouvrait ainsi la voie à la construction théorique de l'État moderne.

HOBBES ET LA MUTATION DU DROIT DE RÉSISTANCE

Yves Charles ZARKA

La question du droit de résistance chez Althusius, Grotius et Hobbes permet d'aborder un moment particulièrement important de l'histoire de ce droit : un moment de mutation entre la problématique traditionnelle, qui est encore à l'œuvre chez Althusius, et une problématique nouvelle définie par Grotius et, surtout, par Hobbes. En effet, le traitement théorique que ces deux derniers penseurs font subir à la notion de *jus resistendi/right of resistance* est tel qu'il implique une modification non seulement de sa définition, mais aussi du cadre conceptuel dans lequel elle prenait sens depuis le Moyen-Âge jusqu'au début du XVIIe siècle.

Pour le montrer, il importe tout d'abord de rappeler rapidement la problématique que la tradition médiévale avait formée et léguée à la pensée juridico-politique renaissante. Cette problématique traditionnelle, à laquelle participe encore Althusius, était double : elle engageait le principe de la légitimité, d'une part, celui de la justice et du bien public, d'autre part. Ainsi, la question de la résistance légitime au pouvoir politique prenait sens, d'un côté, en fonction de l'existence d'un pouvoir illégitime, de l'autre, en fonction d'un pouvoir qui n'a pas pour objet le bien public mais le bien privé de celui qui l'exerce. On aura reconnu les deux formes de tyrannie contre lesquelles le droit de résistance est appelé à s'exercer : le tyran « defectu tituli », par défaut de titre, c'est-à-dire le tyran d'usurpation, et le tyran « ex parte exercitii », c'est-à-dire le tyran d'exercice. Cette double figure de la tyrannie et la problématique du tyrannicide qu'elle suscite se trouvaient déjà dans le *Policraticus* de Jean de Salisbury. On la retrouve, avec des infléchissements importants sur le tyrannicide, chez Thomas d'Aquin. Bien que les positions de ce dernier se soient modifiées entre son *Commentaire aux Livres des Sentences de Pierre Lombard*, le *De regimine principum* et la *Somme théologique,* dont certains articles de la *Secunda secundae* abordent au moins indirectement les problèmes du tyran et du tyrannicide, le contexte problématique demeure identique. Pour faire bref, on peut dire que pour Thomas d'Aquin, seul le tyran d'usurpation peut être légitimement chassé ou tué par n'importe qui, en revanche, le tyran d'exercice ne peut être l'objet que d'une désobéissance légitime des sujets. La révolte et la mise à mort de ce tyran exigent en effet le consentement des représentants qualifiés du peuple, c'est-à-dire d'une autorité publique et après un jugement régulier. Le droit de résistance légitime au tyran est donc considérablement réduit chez Thomas d'Aquin par rapport aux positions de Jean de Salisbury.

Cette problématique du droit de résistance se maintient à quelques modifications près jusqu'au début du XVIIe siècle avec Althusius. Après ce dernier, Grotius et Hobbes modifieront fondamentalement le contexte de la problématique du droit de résistance. On le montrera en soulignant à la fois la continuité et la différence de leurs positions par rapport à celles de Bodin, qui, comme on le sait, oppose sa doctrine de la souveraineté aux thèses des monarchomaques protestants. La référence à Bodin est ici importante, parce qu'il semble que Grotius et Hobbes reprennent la conception bodinienne de la souveraineté et en tirent des conséquences semblables concernant le droit de résistance, à savoir : ce droit ne peut être attribué ni au peuple ni aux magistrats inférieurs. Cette filiation est donc au moins partiellement justifiée. Nous verrons ainsi, que chez Grotius et Hobbes, le droit de résistance en son sens traditionnel ne demeure plus que sous une forme résiduelle à laquelle Bodin le réduisait déjà. Cependant cette continuité n'est que partielle, parce qu'elle masque une mutation plus fondamentale dans la problématique même : le passage de la conception d'une résistance publique à un pouvoir illégitime ou à un pouvoir injuste vers l'idée d'un droit de résistance individuel. L'idée nouvelle de ce droit de résistance individuel renvoie, d'une part, à une définition du droit naturel comme faculté absolument inaliénable parce que liée à la constitution de la sphère de l'individualité humaine et, d'autre part, à l'idée d'une résistance légitime de l'individu à tout pouvoir politique quel qu'il soit – c'est-à-dire même légitime et légal – lorsque ce qui est le plus propre à cet individu est mis en danger.

Sur ce chemin de la mutation de la problématique du droit de résistance, nous examinerons tout d'abord la position d'Althusius qui s'inscrit, comme je l'ai déjà indiqué, dans le cadre de la problématique traditionnelle du droit de résistance. Puis, nous passerons à l'étude de Grotius, lequel ne constitue qu'une étape parce qu'il pense encore globalement dans le cadre traditionnel. En revanche, Hobbes accomplira une transformation décisive à partir d'une lecture critique du *De jure belli ac pacis.* Pour le montrer nous aborderons trois points : 1) Althusius : *jus resistendi* contre tyrannie; 2) Grotius et le droit de résistance résiduel; 3/ Hobbes et le droit de résistance repensé.

ALTHUSIUS : LE *JUS RESISTENDI* CONTRE LA TYRANNIE

La problématique du droit de résistance trouve une expression tout à fait importante au début du XVIIe siècle, dans la *Politica methodice digesta* d'Althusius[1]. La troisième édition de cet ouvrage comporte un chapitre qui ne figurait pas dans les éditions antérieures de 1603 et 1610. Il s'agit du chapitre XXXVIII qui porte pour titre « De tyrannide ejusque remediis » (« De la tyrannie et ses remèdes »). Dans ce chapitre Althusius commence par définir la tyrannie, avant d'en déterminer les formes. La notion de *jus resistendi* intervient au moment de l'examen des remèdes à la tyrannie. Enfin dans ce chapitre, Althusius examine les conditions d'un bon usage du droit de résistance. Voici la définition de la tyrannie :

> La tyrannie est le contraire d'un gouvernement juste et droit; par elle, les fondements et les liens de l'universelle consociation sont obstinément renversés, patiemment, follement détruits par le magistrat suprême, contre la parole donnée et le serment juré[2].

Autrement dit, le tyran est le magistrat qui trahit le pacte qui l'avait fait tel en lui faisait obligation de respecter la loi, l'ordre, la justice et la paix. Par conséquent, devient tyrannique le magistrat qui, au lieu de se donner pour tâche le maintien de l'universelle consociation, c'est-à-dire le maintien du lien social, devient au contraire celui qui entreprend de « dissoudre les liens et les fondements du corps associé de la république »[3].

1. Althusius, *Politica methodice digesta,* troisième édition de 1614, éd. C. J. Friedrich, Cambridge, Harvard UP, 1932.

2. *Ibid.*, XXXVIII, 1, p. 377.

3. *Ibid.*, 3, p. 378.

À partir de cette définition générale, Althusius distingue deux formes de tyrannie : 1) celle qui consiste dans le renversement des lois fondamentales du royaume, en particulier le non-respect de la religion, le renversement des ordres et états du royaume, ce que le magistrat avait prêté serment de respecter; 2) celle qui consiste en une administration des affaires et des biens du corps associé contraire à la justice et à la piété.

La seconde forme de tyrannie se divise elle-même en deux : la tyrannie générale et la tyrannie spéciale. La première s'oppose en toutes choses à la consociation universelle : le tyran ruine alors l'Église et l'État. La seconde consiste à s'opposer à la bonne administration de fonctions politiques ou juridiques particulières. Althusius énumère un grand nombre de tyrannies spéciales.

Face à la tyrannie, le droit de résistance n'est donné qu'aux optimates seuls, c'est-à-dire aux éphores :

> Dans ces circonstances cette résistance consiste en ce que les éphores s'opposent, en paroles et en actes, à la tyrannie du magistrat suprême, et, lorsque celui-ci est incurable, et que, par ailleurs, les droits du corps associé ne peuvent être conservés saufs et intacts et que la République ne peut être libérée des méchants, ils le déposent ou le bannissent [1].

Le droit de résistance que mettent en œuvre les éphores est exercé au nom du peuple qui conserve toujours le droit de résister au magistrat et de le déposer de sa fonction. Mais le peuple ne peut exercer directement ce droit : ce sont les éphores qui répondent donc directement de la consociation universelle. Cette conception du droit de résistance chez Althusius, est liée à une conception de la *Majestas* qui n'enveloppe pas la possession de l'idée d'une souveraineté absolue du détenteur de la magistrature suprême.

Cette problématique du droit de résistance va se modifier considérablement dans le cadre des doctrines de la souveraineté absolue. Bodin avait déjà tenté de le réduire autant qu'il le pouvait. Le droit de résistance prend en effet chez Bodin, comme chez Grotius plus tard une forme simplement résiduelle. Mais précisément, cette forme résiduelle annonce un changement fondamental de problématique que nous devons envisager maintenant.

1. Althusius, *Politica methodice digesta,* XXXVIII, 29, p. 382.

GROTIUS ET LE DROIT DE RÉSISTANCE RÉSIDUEL

Dans le *De jure belli ac pacis,* la notion de *jus resistendi* apparaît le plus souvent dans le chapitre IV du livre I. Cela n'a rien de surprenant puisqu'il est question en ce lieu de la guerre mixte, c'est-à-dire de celle qui oppose un sujet à l'État ou à la puissance publique. L'étude de la guerre mixte conduit à examiner le problème de l'existence d'un droit de résistance des individus, du peuple ou des magistrats inférieurs à l'égard du pouvoir politique. Grotius le dit d'ailleurs clairement :

> Tantum illud quaeritur an aut privatis aut publicis personis bellum gerere liceat in eos, quorum imperio sive summo sive minori subsunt [1].

À cette question Grotius répond d'une manière parfaitement claire :

> Et naturaliter quidem omnes ad arcendam a se iniuriam ius habent resistendi, ut supra diximus. Sed civili societate ad tuendam tranquillitatem instituta, statim civitati ius quoddam maius in nos et nostra nascitur, quatenus ad finem illum id necessarium est. Potest igitur civitas ius illud resistendi promiscuum publicae pacis et ordinis causa prohibere : Et quin voluerit, dubitandum non est, cum aliter non posset finem suum consequi. Nam si maneat pomiscuum illud resistendi jus, non iam civitas erit, sed dissociata multitudo (...) [2].

1. Hugo Grotius, *De jure belli ac pacis,* éd. crit. B. J. A. De Kanter-Van Hettinga Tromp, Aalen, Scientia Verlag, 1993, I, IV, I, 2, p. 137.

2. *Ibid.,* I, IV, II, 1, p. 138. Voici la traduction de ce passage par Jean Barbeyrac : « À la vérité, chacun a naturellement droit de résister, pour se mettre à couvert des injures qu'on veut lui faire, comme nous l'avons dit ci-dessus. Mais du moment qu'on est entré dans une société civile, établie pour maintenir la tranquillité publique, l'État acquiert sur nous, et sur ce qui nous appartient, un droit supérieur autant qu'il est nécessaire pour cette fin. Ainsi l'État peut, pour le bien de l'ordre et du repos public, interdire l'usage illimité de ce droit envers toute autre personne. Et il n'y a point de doute qu'il le veuille, puisqu'autrement il ne saurait atteindre à son but. Car si chacun conservait le droit de résister à tout autre, ce ne serait plus un État, mais une multitude sans union » (Hugo Grotius, *Le droit de la guerre et de la paix,* trad. fr. Jean Barbeyrac, éd. d'Amsterdam, 1724, repr. dans la « Bibliothèque de Philosophie politique et juridique », Caen, Université de Caen, 1984, p. 170-171). Notons en passant que ce passage constitue, avec d'autres du même ouvrage de Grotius, l'une des sources de la théorie politique de Hobbes. Hobbes forge ses principales conceptions politiques dans une lecture critique du *De jure belli ac pacis.* Le passage en question était certainement présent à l'esprit du philosophe anglais lorsqu'il écrivait les *Elements of Law* et le *De Cive.* Nous en avons plusieurs traces textuelles. L'une d'entre elles est fournie par la reprise dans le *De Cive* (VII, 5) de la notion grotienne de « dissociata multitudo » dans celle de « multitudo dissoluta ».

Grotius peut ainsi conclure que le droit de résistance est considéré comme illicite dans tous les États, parce qu'il est incompatible avec la souveraineté :

> Hinc ubique maiestas, id est dignitas, sive populi, sive unius qui summo fungitur imperio, tot legibus, tot poenis defenditur : quae constare non potest si maneat resistendi licentia[1].

Pour comprendre la position de Grotius et la négation du droit de résistance à laquelle elle conduit, il importe de rendre compte de quatre points : a) la présence d'un droit de résistance individuel avant l'établissement du pouvoir politique; b) le concept proprement grotien de souveraineté; c) la négation de la légitimité de principe d'un droit de résistance, aussi bien des particuliers que des magistrats inférieurs, dans l'État; d) la persistance néanmoins d'une forme résiduelle du droit de résistance dans le contexte d'une problématique traditionnelle.

Le droit de résistance individuel

Au chapitre II du Livre I, Grotius définit le droit de résistance à partir des principes du droit naturel qu'il reprend dans l'ensemble au *De Officiis* de Cicéron. Ainsi pour savoir ce qui est conforme au droit naturel, il faut déterminer ce qui convient à la nature humaine comme nature raisonnable et sociable.

En ce qui concerne les premières impressions ou tendances de notre nature, nous voyons que nous avons une tendance à la conservation de notre vie et de nos membres. Nous voyons également que rien ne s'oppose à ce que nous utilisions la force pour assurer la conservation de notre être. Une première forme du droit de résistance se trouve par là même justifiée. Nous pouvons donc conclure qu'il est possible de faire la guerre pour la conservation de notre vie ou l'intégrité de notre corps.

En outre, lorsqu'on considère la sociabilité et la droite raison, on s'aperçoit que le droit de résistance s'y trouve également légitimé. En effet, la droite raison n'interdit pas toute violence mais seulement celle qui est contraire à la société, c'est-à-dire celle qui est contraire au droit d'autrui[2]. Du point de vue de la raison, le droit de résistance et l'usage de la force à l'égard d'autrui sont justifiés pour défendre notre vie, notre liberté et la

1. Hugo Grotius, *De jure belli ac pacis*, *op. cit.*, I, IV, II, 3, p. 139.

2. « Recta autem ratio ac natura societatis, quae secundo ac potiore loco ad examen vocanda est, non omnem vim inhibet, sed eam demum quae societati repugnat, id est quae jus alienum tollit » (*ibid.*, I, II, I, 5, p. 51).

propriété de nos biens. Le droit de résistance couvre donc tout ce qui nous appartient en propre[1].

Pour savoir ce que devient ce droit de résistance individuel lorsque le pouvoir politique est instauré, il faut examiner les implications de la notion de souveraineté.

La notion de souveraineté

Sa définition est donnée dans le chapitre III du livre I. Grotius a besoin de cette définition pour rendre compte des guerres publiques, c'est-à-dire des guerres entre États. Qu'est-ce que la souveraineté ?

> His ergo in rebus consistit potestas civilis. Summa autem illa dicitur, cuius actus alterius iuri non subsunt, ita ut alterius voluntatis humanae arbitrio irriti possint reddi. Alterius cum dico, ipsum excludo qui summa potestate utitur; cui voluntatem mutare licet, ut et successorem, qui eodem iure utitur, ac proinde eandem habet potestatem, non aliam[2].

La souveraineté (*summa potestas*) se définit donc par trois propriétés : 1) c'est un pouvoir civil dont les actes sont indépendants de tout autre pouvoir supérieur, 2) ces actes ne peuvent donc être annulés par aucune autre volonté humaine, 3) c'est-à-dire que seul le souverain lui-même ou son successeur à la même puissance garde la liberté de changer de volonté. Ces propriétés de la définition grotienne de la souveraineté semblent venir en ligne directe de Bodin, pour lequel la souveraineté est une puissance civile de décision et de législation en dernier ressort et sans appel :

> Ainsi nous conclurons que la premiere marque du prince souverain, c'est la puissance de donner la loy à tous en general et à chacun en particulier : mais ce n'est pas assez, car il faut adjouster, sans le consentement de plus grand, ni de pareil, ni de moindre que soy[3].

Notons cependant que Grotius distingue deux sujets de la souveraineté : un sujet commun (*subjectum commune*) qui est l'État (*civitas*) et un sujet propre (*subjectum proprium*) qui est la personne une ou multiple du souverain. De là découle une conséquence importante pour notre propos : il est faux de penser, dit Grotius, que la puissance souveraine appartient toujours et sans exception au peuple de sorte qu'il aurait le droit de

1. *Ibid.*, I, II, I, 6, p. 51-2.
2. *Ibid.*, I, III, VII, 1, p. 100.
3. Jean Bodin, *Les six livres de la République*, I, 10, Paris, Fayard, 1986, t. I, p. 306.

réprimer et de punir les rois chaque fois qu'ils abusent de leur autorité[1]. Un peuple dispose du droit de choisir la forme de gouvernement qui lui paraît la meilleure, il dispose donc du droit de se soumettre à une ou plusieurs personnes par un transfert entier (et non partiel) du droit de gouverner. Le pouvoir constitué ne peut plus alors être remis en cause par le pouvoir constituant. Grotius semble donc pencher fortement du côté où le porte la logique du concept de souveraineté : c'est-à-dire vers la négation du droit de résistance[2]. Cependant, cette tendance est contrebalancée par une autre qui, nous le verrons, réintroduit le droit de résistance sous une forme résiduelle par la distinction entre deux aspects de la souveraineté. Analysons, pour l'instant, la négation de la résistance qui résulte de la logique de la souveraineté.

Négation du droit de résistance des individus et des magistrats inférieurs

La négation du droit de résistance individuel est d'abord justifiée politiquement. La souveraineté ne pourrait en effet se maintenir si chaque particulier conservait son droit naturel de résister[3]. Puis par la loi de Moïse et la loi de l'Évangile – qui rejette la résistance et réclame l'obéissance aux puissances dans la mesure où elles sont un établissement de Dieu –, enfin par la pratique des premiers chrétiens.

La négation d'un droit de résistance des magistrats subalternes face aux éventuelles injustices du souverain suit très précisément Bodin. L'idée d'un droit de résistance des magistrats subalternes est pour Grotius insoutenable. Car, si un magistrat subalterne est une personne publique par rapport à ses inférieurs, il n'est qu'un simple particulier par rapport au souverain. Ainsi selon Grotius :

> Nam omnis facultas gubernandi quae est in magistratibus, summae potestati ita subiicitur, ut quicquid contra voluntatem summi imperantis faciant, id defectum sit ea facultate ; ac proinde pro actu privato habendum. Locum

1. *De jure belli ac pacis*, *op. cit.*, I, III, VIII, 1, p. 101.

2. *Ibid.*, I, III, IX, 1, p. 110 : « Sunt alii qui mutuam quandam subiectionem sibi fingunt, ut populus universus regi recte imperanti parere debeat, rex autem male imperans populo subiiciatur, qui si hoc dicerent, non facienda ob regis imperium ea quae manifeste iniqua sunt, verum dicerent, et quod apud omnes bonos confessum est : sed id nullam includit coactionem, aut ius aliquod imperii ».

3. *Ibid.*, I, IV, II, 3, p. 139.

enim hic quoque habet, quod dicunt Philosophi, ordinem non dari nisi cum relatione ad aliquid primum [1].

Il ne saurait donc y avoir de résistance publique au souverain. Ce texte fait écho à celui de Bodin :

> Car quant à la voye de justice, le suject n'a point de jurisdiction sur son prince, duquel depend toute puissance et autorité de commander, et qui peut non seulement revoquer tout le pouvoir de ses magistrats, ains aussi en la presence duquel cesse toute la puissance et jurisdiction de tous les Magistrats, corps et colleges, estats et communautés [2].

Cependant, comme nous l'avons dit, le droit de résistance retrouve en définitive un sens chez Grotius, lié à une distinction opérée dans le concept de souveraineté.

Retour d'un droit de résistance résiduel

Grotius développe sa théorie de la souveraineté à travers plusieurs remarques. La plus importante d'entre elles est la seconde : elle revient à appliquer au pouvoir politique une distinction valable pour la propriété. Cette distinction consiste à dissocier entre l'exercice de la souveraineté et la manière plus ou moins pleine de la posséder [3]. On peut posséder la souveraineté de trois manières : en pleine propriété, par droit d'usufruit ou à temps :

> Ainsi parmi les Romains, le Dictateur était souverain pour un temps. La plupart des rois, tant ceux qui sont élus les premiers, que ceux qui leur succèdent selon l'ordre établi par les lois, jouissent du pouvoir souverain à titre d'usufruit. Mais il y a quelques rois qui possèdent la couronne en pleine propriété, comme ceux qui ont acquis la souveraineté par droit de conquête, ou ceux à qui un peuple s'est donné sans réserve, pour éviter un plus grand mal [4].

Cependant quelle que soit l'une des trois manières dont la souveraineté est possédée, sa nature et l'étendue de son exercice restent les mêmes.

1. *Ibid.*, I, IV, VI, 1, p. 147.
2. *République*, *op. cit.*, II, 5, p. 75.
3. *De jure belli ac pacis*, *op. cit.*, I, III, XIV, p. 118-119 : « Quod autem huc usque monuimus, distinguendam esse summitatem imperii ab habendi plenitudine, adeo verum est ut non modo pleraque imperia summa non plene habeantur, sed et multa non summa habeantur plene : quo fit ut marchionatus et comitatus facilius quam regna vendi et testamento relinqui soleant ».
4. *Ibid.*, I, III, XI, 1, p. 112 ; trad. Barbeyrac, p. 134.

En effet on ne peut juger de la nature des choses morales que par leurs opérations. Les droits ou les pouvoirs qui produisent les mêmes effets doivent être donc considérés comme identiques. Or les différentes manières dont la souveraineté est détenue ne changent rien à l'exercice des droits ou à l'autorité qui y sont attachés. Le dictateur romain pendant tout le temps qu'il exerçait son pouvoir, le faisait avec autant de droit que le roi le plus absolu, c'est-à-dire sans que ses actes puissent être annulés par une autre instance. On voit dans quelle mesure le concept grotien de souveraineté s'éloigne du concept bodinien. Alors que pour Bodin la souveraineté était dans son essence même à la fois absolue et perpétuelle, Grotius va admettre l'idée d'une souveraineté temporaire, partagée ou sous conditions. Or c'est précisément par ce biais que le droit de résistance se trouve rétabli. Il l'est sous une forme tout à fait traditionnelle, puisque Grotius examine la résistance légitime d'abord à l'exercice injuste du pouvoir[1], puis à l'usurpation[2].

Le souverain injuste

– Les princes injustes qui dépendent du peuple (soit qu'ils aient d'abord été établis par lui ou qu'ils se soient rendus subalternes par une convention postérieure) peuvent être non seulement repoussés par la force, mais aussi punis de mort.

– Il est possible de s'opposer à un roi qui veut donner sa couronne à un autre ou la rendre dépendante. En vertu de la distinction entre le droit de souveraineté et la manière dont elle est possédée, le peuple peut s'opposer au changement du titulaire de la souveraineté ou au changement du mode de possession de la souveraineté parce qu'ils ne sont pas compris dans l'étendue du droit de souveraineté.

– Il est également légitime de s'opposer à un roi qui désire perdre un peuple et en devient l'ennemi.

– Lorsqu'un roi dispose d'une partie de la souveraineté, le reste appartenant au peuple ou au Sénat, il est possible de s'opposer légitimement de vive force à ce qu'il n'empiète sur le domaine qui n'est pas le sien.

1. *De jure belli ac pacis*, *op. cit.*, I, IV, VIII-XIV, p. 157-159.
2. *Ibid.*, I, IV, XV-XVIII, p. 159-161.

– Il est enfin possible de résister à un roi, dont il a été expressément stipulé au moment de son établissement qu'on pouvait lui résister dans telle ou telle circonstance.

Le souverain illégitime

Dans le cas de l'usurpateur, Grotius distingue également les conditions d'une résistance légitime. Celle-ci connaît certaines restrictions, en particulier, le droit de résistance ne doit pas être exercé lorsque cet exercice rendrait la situation pire qu'elle n'était. La résistance est cependant légitime dans certains cas.

– Lorsque l'usurpateur a pris le pouvoir par une guerre injuste. Le droit de guerre subsiste en effet contre lui.

– Lorsque le souverain légitime ordonne de tuer l'usurpateur.

Le principe qui limite le droit de résistance est indiqué à la fin du développement de Grotius sur cette question. Il consiste à affirmer qu'un particulier ne doit pas s'ériger en juge du titre de souveraineté, même lorsque la chose est douteuse.

On voit donc comment Grotius à la fois refuse le droit de résistance et le réintègre sous une forme résiduelle dans le contexte de la problématique traditionnelle de l'injustice et de l'illégitimité. Or c'est précisément à partir d'une lecture critique de Grotius que Hobbes va profondément modifier non seulement le sens de la notion de droit de résistance mais aussi la problématique qui la soutenait.

HOBBES ET LE DROIT DE RÉSISTANCE REPENSÉ

Hobbes utilise fréquemment les expressions « right of resistance », « right to resist » ou « right of resisting », mais elles n'ont plus chez lui leur sens traditionnel, c'est-à-dire qu'elles n'ont plus pour corrélat le couple injustice/illégitimité.

La reformulation de la problématique tient d'abord à ce que Hobbes supprime purement et simplement le problème de la légitimité. On peut le voir par la réduction de la différence entre monarchie et tyrannie à une différence externe liée à l'approbation ou à la désapprobation du même gouvernement monarchique :

> There be other names of Government, in the Histories, and books of Policy; as *Tyranny,* and *Oligarchy.* But they are not the names of other Formes of

> Government, but of the same Formes misliked. For they that are discontented under *Monarchy*, call it *Tyranny*; and they that are displeased with *Aristocracy*, called it *Oligarchy*. So also, they which find themselves grieved under Democracy, call it Anarchy, (which signifies want of government)[1].

Par cette mise à l'écart du problème de la légitimité, la question de la résistance à l'usurpateur ne se pose plus. On sait en effet que pour Hobbes le pouvoir politique établi, pourvu qu'il assure l'être et le bien-être des sujets, est *ipso facto* légitimé. Or cette mise à l'écart du problème de la légitimité, le *De Cive* la réalise d'une manière extraordinaire dans un texte qui n'a pas son équivalent dans les *Elements of Law* et le *Léviathan*. Il s'agit du *De Cive*, VII, 3 où Hobbes compare la monarchie et la tyrannie sous différents points de vue pour montrer qu'on ne peut les distinguer ni sur le plan de la puissance, ni sur celui du mode d'acquisition du pouvoir, mais seulement sur le plan de l'exercice du pouvoir, et encore cette ultime différence peut également être réduite :

> Quod autem *regnum* et *tyrannis* non sint diversae species civitatis, haud facile persuadebitur propter affectus hominum, qui etsi civitatem *uni* subjectam esse mallent quam *pluribus*, non tamen recte eam gubernari putant, nisi gubernetur ad arbitrium suum. Sed quid differat *rex* a *tyranno*, ratione investigandum est, non affectu. Primum autem non in eo differunt, quod major sit potentia hujus, quam illius; quia summo imperio majus dari non potest : neque quod alter potentiam habeat praescriptam, alter non; cujus enim potentia praescripta est, non est *rex*, sed *subditus praescribentis*. Deinde neque modo acquirendi differunt; si quidem enim in civitate *democratica*, vel *aristocratica*, *summum imperium* civis aliquis vi occuparet, habito civium consensu, legitimus sit *monarcha*; eo consensu non habito, *hostis* est, *non tyrannus*. Differunt ergo solo imperii exercitio, ut *rex* sit qui recte regit, *tyrannus* qui aliter[2].

Mais cette dernière différence n'a elle-même aucun fondement objectif, elle ne fait qu'exprimer notre satisfaction ou notre insatisfaction devant un mode de gouvernement. En sorte que finalement, on parle de

1. Thomas Hobbes, *Leviathan* [désormais *Lev.*], XIX, éd. C.B. MacPherson, Harmondsworth, Penguin Books, 1968, p. 239-240; trad. fr. F. Tricaud, Paris, Sirey, 1971, p. 192-193.

2. Id., *De Cive* [désormais *D. Ci*], version latine, VII, 3, dans *Opera latina*, éd. W. Molesworth, London, 1839-1845, t. II, p. 237; version angl., éd. H. Warrender, Oxford, OUP, p. 151.

monarchie lorsqu'on veut honorer le monarque, et on parle de tyrannie lorsqu'on veut le dénigrer.

On voit donc comment le cadre même de la problématique du droit de résistance est déconstruit par la suppression du problème de l'usurpation et le déplacement du problème de l'injustice d'exercice (le souverain ne peut commettre qu'une injustice envers Dieu et non envers les hommes).

Il s'ensuit très logiquement chez Hobbes, une négation d'un droit de résistance collectif du peuple ou d'un droit de résistance des magistrats inférieurs. La doctrine hobbesienne de la représentation implique en effet que le seul représentant de l'État, et donc du peuple, est le souverain. Hobbes unifie la théorie de la souveraineté en suivant de près Bodin, mais en allant au-delà de lui.

Il semblerait donc que le droit de résistance doive disparaître tout à fait par cette unification du concept de souveraineté. En réalité, il disparaît sous sa forme traditionnelle mais revient sous une autre forme : comme droit inaliénable de l'individu. Le droit de résistance appartient désormais à la nouvelle doctrine du droit naturel.

Selon sa nouvelle définition, le droit naturel est un droit subjectif[1] que tout individu humain possède quel que soit le contexte relationnel dans lequel se déploie son existence. Aussi bien dans l'état de nature que dans l'état civil :

> a man cannot lay down the right of resisting them, that assault him by force, to take away his life; because he cannot understood to ayme thereby, at any Good to himselfe[2].

Ce droit est donc attaché à la personne naturelle de l'homme, et se trouve fondé sur le principe éthique fondamental selon lequel : « every man, not onely by Right, but also by necessity of Nature, is supposed to endeavour all he can, to obtain that which is necessary for his conservation »[3]. Il va de soi qu'abandonner notre droit de résistance serait contrevenir à ce principe éthique. On peut ajouter à cela trois remarques.

Premièrement, le droit de résistance ne consiste pas seulement à résister à ce qui pourrait mettre notre vie directement en danger, mais aussi à ce qui pourrait la mettre indirectement en danger, et à ce qui, sans la mettre

1. La définition en avait été donnée par Grotius (*De jure belli ac pacis*, *op. cit.*, I, I, IV-V, p. 31-32) et Hobbes retravaille la définition grotienne.

2. *Lev.*, XIV, p. 192/p. 132; *D. Ci*, II, 18, p. 177; *cf.* également Thomas Hobbes, *The Elements of Law* [désormais *EL*], éd. F. Tönnies, London, Frank Cass, 1969, I, XVII, 2, p. 88.

3. *Lev.*, XV, p. 209-210/p. 152.

directement ou indirectement en danger, pourrait affecter les personnes dont les blessures ou la mort nous plongeraient dans la douleur[1]. Ainsi nous avons le droit de résister à celui ou à ceux qui voudraient nous attaquer de vive force pour nous tuer, nous causer des blessures, ou nous emprisonner; mais aussi à celui ou à ceux qui voudraient nous empêcher de jouir de l'air, de l'eau, du mouvement, du libre passage d'un endroit à un autre; et encore à celui ou à ceux qui voudraient nous faire témoigner contre nous-mêmes – ce qui ne peut intervenir que dans l'État – ou contre ceux « dont la condamnation vous plongerait dans la détresse : un père, une épouse, un bienfaiteur »[2].

Deuxièmement, il s'agit d'un droit absolument inaliénable de l'homme. Une convention où un homme s'engage à abandonner son droit de résistance à un autre (quel qu'il fût) est toujours nulle. L'aliénation du droit de résistance contreviendrait en effet à la raison ou à la cause qui fonde tout transfert de droit : à savoir la *considération* de quelque bien pour soi-même[3]. Aliéner son droit de résistance consisterait, pour celui qui l'aliène, à mettre l'objet de sa volonté en contradiction avec la cause qui y préside. L'acte serait donc contradictoire, il ne pourrait résulter que d'une erreur ou d'une ignorance. Et il va de soi qu'on ne saurait fonder un droit sur l'erreur ou l'ignorance.

Troisièmement, le droit de résistance, étant absolument inaliénable, échappe aux droits que nous transférons au souverain lors de la convention sociale. Il définit donc cette part de droit naturel ou de liberté que l'individu conserve dans l'État, alors même qu'il a abandonné son droit sur toute chose. Rappelons que le droit sur toute chose ne s'identifie pas au droit naturel, mais constitue la forme élargie qu'il trouve dans l'état de guerre[4]. Au sein de l'État, le droit de résistance constitue la sphère des droits de l'homme au nom desquels un individu peut toujours légitimement s'opposer au pouvoir politique. L'application de ce principe au châtiment, c'est-à-dire à une peine légalement prononcée par un tribunal qui a établi une culpabilité – est claire : le châtiment « étant une violence, personne n'est obligé de ne pas y résister »[5]. L'homme, devenu citoyen, conserve donc, comme homme, un droit de résistance qu'il ne peut transmettre à

1. Cf. *Lev.*, XV, p. 202/p. 154.
2. *Ibid.*, XIV, p. 199/p. 140.
3. *Ibid.*, p. 192/p. 131.
4. Sur le *jus in omnia* comme forme élargie du *jus naturale*, *cf.* notre ouvrage *La décision métaphysique de Hobbes*, Paris, Vrin, 1987, p. 312-317.
5. *Lev.*, p. 199/p. 140; cf. *D. Ci.*, II, 18, p. 177.

l'État et qu'il ne tient pas de lui. Les droits subjectifs de l'homme ne peuvent ni se perdre, ni être reçus.

Le droit de résistance définit désormais la sphère du propre que le pouvoir politique ne peut empiéter. On peut également l'interpréter comme la constitution d'une sphère du privé qui définit la limite de l'exercice du pouvoir public. Or cette théorie du droit de résistance comme droit subjectif de l'individu a deux conséquences : l'une positive et l'autre négative.

– Conséquence positive : la théorie de la convention sociale qui va être liée à ce droit de résistance inaliénable ne sera pas une théorie de l'aliénation mais de l'autorisation. Autrement dit, la convention sociale ne consiste pas pour l'individu à s'aliéner totalement au pouvoir.

– La conséquence négative est très significative. Ce qui est probablement le plus difficile à penser chez Hobbes est le droit pénal[1]. Hobbes ne parvient pas à fonder la légitimité d'un droit pénal, parce que celui-ci, même s'il est conforme aux procédures légales remet en question, lorsqu'il s'exerce par la violence, la sphère du droit naturel subjectif. Chacun a donc le droit de s'y opposer et d'y résister, ce qui ne veut évidemment pas dire que cette résistance sera victorieuse :

> No man is supposed bound by Covenant, not to resist violence; and consequently it cannot be intended, that he gave any right to another to lay violent hands upon his person[2].

On voit donc comment Hobbes modifie de fond en comble la problématique du droit de résistance. Celui-ci devient un droit de résistance de l'homme face au pouvoir politique, même lorsque ce pouvoir s'exerce selon des formes légales mais en empiétant sur la sphère de ce qui est le plus propre à l'individu.

1. *Cf.* Y. C. Zarka, *Hobbes et la pensée politique moderne* [1995], Paris, P.U.F., 2012 (3e éd.), p. 228-250 sur le droit de punir.
2. *Lev.*, XXVIII, p. 353/p. 331.

CONCLUSION
DU PEUPLE ORGANIQUE AU PEUPLE INSTITUÉ

Comment expliquer cette mutation de la problématique du droit de résistance ? Un élément décisif d'explication pourrait être fourni par la déconstruction par Hobbes de la théorie organique du peuple qui sous-tendait les doctrines des monarchomaques. Pour ceux-ci en effet le peuple était une totalité organiquement structurée. C'est pourquoi les magistrats pouvaient être conçus comme des représentants légitimes du peuple. En revanche, chez Hobbes, il n'y a pas de peuple organique, il n'y a qu'un peuple institué dont l'unité est réalisée par la médiation du souverain. La déconstruction de la théorie organique du peuple est réalisée par le travail du concept de multitude. La multitude est un concept distributif, elle s'entend comme une diversité ou une pluralité disparate. La multitude ainsi entendue ne peut avoir ni l'existence d'une personne naturelle, ni posséder une volonté commune, ni accomplir un acte unique, ni posséder quoi que ce soit. Pour passer de la multitude au peuple : il faut l'acte d'institution du souverain qui fonde l'unité de la volonté de la république.

Il fallait ainsi cette déconstruction du concept organique du peuple naturel en une *multitudo dissoluta* pour qu'advienne la mutation fondamentale du droit de résistance.

LES TROIS MODES DE DOMINATION ET LA MÈRE DANS *DE CIVE* ET *LÉVIATHAN* DE HOBBES

James GRIFFITH *

Sans être ignorée, la question du rôle des mères sur le plan du pouvoir politique hobbesien (*schema of political rule*) n'est pas abordée aussi souvent qu'elle pourrait l'être[1]. À la différence de ses contemporains, Hobbes affirme les différences entre hommes et femmes trop minimes à l'état de nature pour que soit réclamée une domination masculine et, parce

* Middle East Technical University.

1. Un bon nombre des interrogations plus récentes sur ce sujet en anglais peut être trouvé dans *Feminist Interpretations of Hobbes,* éd. N. J. Hirschmann et J. H. Wright, University Park (PA), The Pennsylvania State UP, 2012, en part. N. J. Hirschmann, « Gordon Shochet on Hobbes, Gratitude, and Women », p. 125-147. On mentionnera, en outre, R. A. Chapman, « *Leviathan* Writ Small : Thomas Hobbes on the Family », *The American Political Science Review,* 69/1, 1975, p. 76-90 ; S. Moller Okin, « Women and the Making of the Sentimental Family », *Philosophy and Public Affairs,* 11/1, 1982, p. 65-88 ; C. Pateman, *The Sexual Contract,* Stanford (CA), SUP, 1988, en part. chap. III et IV ; K. Green, « Christine de Pisan and Thomas Hobbes », *The Philosophical Quarterly,* 44/177, 1994, p. 456-475 ; N. A. Stanlick, « Lords and Mothers : Silent Subjects in Hobbes's Political Theory », *International Journal of Politics and Ethics,* 1/3, 2001, p. 171-182 ; T. J. Lewis, « Recognizing Rights : Hobbes on the Authority of Mothers and Conquerors », *Canadian Journal of Political Science,* 36/1, 2003, p. 39-60 ; J. H. Wright, *Origin Stories in Political Thought : Discourses on Gender, Power, and Citizenship,* Toronto, University of Toronto Press, 2004, chap. IV ; et N. J. Hirschmann, « Hobbes on the Family », *in* A. P. Martinich, K. Hoekstra (eds), *The Oxford Handbook of Hobbes,* Oxford, OUP, 2016, p. 242-263. Ici, en raison de certaines de ses revendications spécifiques, je vais me concentrer sur une seule interrogation, celle de C. Pateman, « "God Hath Ordained to Man a Helper" : Hobbes, Patriarchy, and Conjugal Right », *British Journal of Political Science,* 19/4, 1989, p. 445-463.

que la protection et la nourriture maternelle sont nécessaires à la survie de l'enfant, la mère domine l'enfant. Comment expliquer que la mère perde ce pouvoir de domination dans l'ordre social ou politique? Hobbes ne le dit pas lui-même de manière explicite. Cependant, plusieurs possibilités peuvent être extraites de ses textes.

Je vais tenter ici d'expliquer la perte du pouvoir maternel par l'examen du discours de Hobbes sur les différents modes de domination et de pouvoir politique (*political rule*) dans *De Cive* et *Léviathan.* Je me concentrerai sur leurs différences et je m'appuierai sur la lecture d'Yves Charles Zarka à ce sujet. Ensuite, j'aborderai la question de la mère et de sa position dans la hiérarchie de servitude que chacun de ces textes expose en recourant à l'analyse de Carole Pateman et celle de Zarka. Enfin, je présenterai mon point de vue sur le rôle que joue la domination de la mère sur ses enfants dans le schéma de Hobbes.

LES TROIS MODES DE DOMINATION

Dans cette première section, je vais exposer les trois modes de domination – comment ils émergent et fonctionnent – dans *De Cive,* puis dans le *Léviathan*. Puis, j'analyserai ces deux textes au regard de l'analyse de Zarka sur l'importance que joue l'autorisation dans la compréhension de la perte de la domination maternelle sur ses propres enfants.

1) Dans *De Cive*, il existe deux formes de domination, naturelle et institutionnelle. La différence entre elles vient du processus ou de l'histoire de leurs formations respectives, bien que toutes deux soient issues de la peur. Alors que la domination naturelle se fonde sur la conquête et la peur de la mort, qui vient du fait d'être vaincu, la domination politique se forme par la réunion de ceux qui « ne sont pas encore vaincus et qu'ils ne veulent pas l'être »[1]. Ces deux formes amènent Hobbes à postuler trois modes de domination. Le premier est le contrat mutuel, obtenu au moyen d'un conseil où les membres se livrent à la puissance et l'autorité d'un autre, et autorise la domination politique. Le second mode de domination est celui permis par les prisonniers de guerre ou par celui ou celle se donne au vainqueur par défiance à l'égard de ses propres forces. Dans ce mode, un contrat est établi

1. Pour la version française du *De Cive*, nous utilisons la traduction de Philippe Crignon : Thomas Hobbes, *Du citoyen,* trad. fr. Ph. Crignon, Paris, Édition Flammarion, 2010, 5.12, p. 164.

par le droit de guerre d'avoir la vie sauve en échange de servir et d'obéir. Le troisième mode de domination est générationnel. Ainsi, le premier mode de domination semble être le mode politique ou institutionnel, alors que les second et troisième modes sont des formes naturelles [1].

Quand Hobbes mentionne pour la première fois les deux formes de domination, il les divise en « l'État paternel et l'État despotique » [2]. Le second mode de domination, qui s'exerce sur le prisonnier effrayé ou le chef de guerre vaincu, serait despotique, alors que le troisième, celui générationnel, semble tomber dans la catégorie de la domination paternelle. Cependant, la génération n'est pas un processus simple mais plutôt double, le résultat de deux influences. Puisque « l'autorité (c'est-à-dire le pouvoir suprême)... est indivisible, de sorte que nul ne peut servir deux maîtres » [3], un processus autre que générationnel doit œuvrer pour permettre à la domination paternelle naturelle puisse se former. Ce processus opère du fait qu'un enfant dépend d'abord du pouvoir maternel avant tout autre : la vie d'un nourrisson est entre les mains de sa mère. S'il y a ici contrat, c'est que l'éducation de l'enfant se fait à la condition qu'il ne devienne pas son ennemi une fois adulte. Selon l'appellation de Hobbes « la mère a originellement l'autorité » [4] ou, ce que nous pourrions appeler, une autorité de la mère sur l'enfant exceptionnelle (*preternatural*).

Il y a quatre possibilités pour que cette domination exceptionnelle (*preternatural*), originelle soit transférée à quelqu'un d'autre que la mère. Premièrement, elle peut abandonner sa domination en disposant de l'enfant. Deuxièmement, si elle est faite prisonnière de guerre, l'enfant tombe sous le pouvoir de son ravisseur. Troisièmement, étant placée sous domination, vraisemblablement paternelle ou institutionnelle, son enfant l'est lui aussi. « Quatrièmement, si une femme s'est engagée envers un homme à vivre avec lui, avec pour condition que le pouvoir revienne à l'homme, l'enfant qui naît des deux appartient au père étant donné qu'il a pouvoir sur la mère » [5], à moins qu'elle ne soit souveraine et le père sujet. Les troisième et quatrième possibilités sont ici les plus intéressantes.

Une grande partie de cette analyse se retrouve dans le *Léviathan*, avec toutefois des différences. Bien que la souveraineté par institution émerge de la même manière, la souveraineté par acquisition, c'est-à-dire par la

1. *Ibid.*, 6.1, p. 165-168.
2. *Ibid.*, 5.12, p. 164.
3. *Ibid.*, 9.1, p. 209.
4. *Ibid.*, 9.3, p. 210.
5. *Ibid.*, 9.5, p. 211.

force naturelle, se divise en deux possibilités. La première est comparable à : « un homme oblige ses enfants à se soumettre, avec leurs propres enfants, à son gouvernement, parce qu'il peut les détruire s'ils refusent »[1], alors que la seconde correspond au fait de soumettre ses ennemis à la guerre. La forme de domination despotique surgit de la conquête militaire, de l'engagement du vaincu de devenir le serviteur du vainqueur. Chose importante pour Hobbes : « Ce n'est donc pas le succès des armes qui donne le droit d'exercer la domination sur le vaincu, mais la convention passée par celui-ci »[2]. La conquête n'est en soi rien. Elle n'établit aucune domination, aucune république, aucune souveraineté jusqu'à ce que la peur qu'éprouve le vaincu amène à un contrat d'obéissance et de protection.

La domination paternelle « dérive du consentement de l'enfant, explicite ou manifesté par des preuves suffisantes » incluant la préservation de la vie dudit enfant[3]. Cependant, là encore, l'enfant, comme n'importe qui, ne peut avoir deux maîtres. Ainsi, s'il n'y a pas de contrat matrimonial légal ou civil déclarant la subordination ou la servitude de la mère au père, « la domination appartient à la mère »[4]. Si la mère a, ou a eu, coutume de céder ses droits de domination sur l'enfant au père dans un État, c'est simplement que « la plupart des cas les républiques ont été érigés par des pères, non par les mères de famille »[5], et non en raison d'une demande naturelle particulière. Ainsi, de nouveau, la mère semble avoir une domination originelle ou exceptionnelle sur l'enfant mais, cette fois, avec son consentement.

2) Quand Zarka expose les différences entre *De Cive* et *Léviathan* au sujet de la domination, il suit le premier texte sur ses trois modalités, despotique, institutionnelle et paternelle. La domination despotique établit une relation de servilité entre le vaincu et le vainqueur, celle institutionnelle est établie par un pacte mutuel, et la domination paternelle « la pleine et entière propriété » de l'enfant[6]. L'étendue de la propriété sur le dominé diffère entre le serviteur sous domination despotique et l'enfant car le serviteur, lui, conserve le droit de fuir ou de tuer le maître s'il est emprisonné ou enchaîné de quelque manière. En effet, dans *De Cive*, celui qui est

1. Th. Hobbes, *Léviathan*, trad. fr. F. Tricaud, Paris, Sirey, 1983, chap. XVIII, p. 121.
2. *Ibid.*, chap. XX, p. 212.
3. *Ibid.*, p. 208.
4. *Ibid.*, p. 209.
5. *Ibid.*
6. Y. C. Zarka, *Hobbes et la pensée politique moderne*, Paris, P.U.F., 2012 (3e éd.), p. 188 ; trad. angl. J. Griffith, *Hobbes and Modern Political Thought*, Edinburgh, EUP, 2016, p. 158.

emprisonné ou enchaîné n'est même pas serviteur, mais esclave[1]. L'important est que la domination opère dans *De Cive* à travers le concept de propriété. La domination qu'un individu exerce sur les autres s'apparente à celle qu'il a sur les choses en sa possession bien que la propriété sur autrui ne s'avère pas toujours aussi totale.

Ce fonctionnement change dans le *Léviathan,* grâce à l'autorisation. Là, les droits sur les personnes deviennent qualitativement distincts des droits sur les choses, et, selon Zarka, cette différence exige de penser un rapport différent de la domination : l'autorité. Dans ce lien, le droit d'agir de l'acteur se fonde sur l'autorisation donnée par l'auteur de ces droits, même dans le cas où les droits de l'acteur sont exercés sur l'auteur de manière dominatrice. Ainsi, la domination devient autorité dans la mesure où les droits du sujet n'ont pas été appropriés par le souverain, mais en tant qu'acteur autorisé par le sujet. L'exercice de cette autorité doit être reconnu par le sujet comme le sien propre[2]. Toutefois, une telle reconnaissance est juste supposée. Il est donc possible qu'un sujet échoue à voir dans les actes du souverain sa propre volonté ou son droit. Dans le *Léviathan,* la domination comme concept reste opérationnelle dans la mesure où les États institutionnels constituent le seul mode où la souveraineté est distincte de la relation de propriété. Ce reste de domination ne change pas le fait que l'autorisation, dans le *Léviathan,* offre une nouvelle compréhension de la souveraineté, indépendante du concept de propriété.

Suivant cette perspective, je vais me pencher sur la manière dont la mère perd sa domination originelle ou exceptionnelle sur son enfant dans *De Cive* et dans le *Léviathan* afin de mieux comprendre sa position dans le schéma hobbesien. Dans *De Cive*, Hobbes soutient que la « supériorité du sexe mâle » est vide de sens dans la revendication d'un privilège paternel dans ce que j'appellerais les relations *oikopolitiques*[3], les différences physiques entre hommes et femmes étant trop faibles que l'homme n'ait pas à se battre pour gagner la guerre et obtenir la domination[4]. Si, dans l'état de nature, un homme et une femme concluent entre eux un contrat, la mère conserve la domination sur ses enfants à moins que le contrat n'indique explicitement le contraire. Néanmoins, dans la société, un contrat de mariage implique la domination paternelle sur les enfants parce

1. Hobbes, *De Cive*, *op. cit.*, 8.2, p. 203-204.

2. Voir Y. C. Zarka, *Hobbes et la pensée politique moderne*, *op. cit.*, p. 194-195 ; trad. angl., p. 162.

3. Note du traducteur : *domestiques*, du grec *oikos : maison*.

4. Hobbes, *De Cive*, *op. cit.*, 9.3, p. 210.

que la loi du mariage place le « pouvoir domestique » dans les mains du père [1]. Pour donner un sens au pourquoi ou comment la mère perd sa domination originelle sous cette souveraineté, il est utile de revenir aux troisième et quatrième raisons mentionnées précédemment. La troisième raison prétend que quiconque a le commandement suprême dans le gouvernement détient aussi celui de dominer ses enfants, pendant que la quatrième dit que la mère pourrait céder ses droits, y compris celui sur ses enfants, à un homme pour le bien de la société. Puisque la propriété est le principe opératoire dans *De Cive,* il apparaît que la femme est une servante dans la structure *oikopolitique*, dans la mesure où il y a une structure politique car la loi civile l'exige. D'un autre côté, dans la quatrième hypothèse, la mère permet de son plein gré au père de s'approprier ses droits pour le bien de la société. Cela pourrait faire de la structure familiale une forme de domination despotique, reposant peut-être sur l'idée que le père a déclaré la guerre à la mère et l'a conquise. Pourtant, Hobbes ne mentionne pas la peur comme motivation à la cession des droits, mais la société. Le désir de la société implique bien sûr la peur – de l'état de nature – mais il n'en demeure pas moins que cette motivation diffère de celle du vaincu envers le vainqueur [2].

Dans le *Léviathan*, Hobbes explique que les lois civiles favorisent la domination paternelle parce que « dans la plupart des cas les Républiques ont été fondées par les pères, et non par les mères de famille » [3]. Ici, Hobbes n'examine pas la possibilité que la société soit une raison pour la mère de céder sa domination au père. Au lieu de cela, seuls les contrats entre parents à l'état de la nature, la mère disposant de l'enfant, et le gouvernement supérieur sont envisagés. Si ce qui différencie le *Léviathan* de *De Cive* est la notion d'autorisation dissociant le droit politique du concept de propriété, il semble alors important de comprendre pourquoi Hobbes considère le privilège de la domination paternelle dû à la fondation de la plupart des États par les pères. Cela signifie-t-il que ce sont les pères qui ont en grande partie autorisé l'existence du souverain, et, qu'en conséquence, celui-ci agisse pour leurs intérêts ? Si tel est le cas, la possibilité pour les mères de donner une autorisation de ce même souverain semble avoir

1. Hobbes, *De Cive*, *op. cit.*, 9.6, p. 212.

2. Sur la permanence de la peur pour Hobbes, voir, par exemple, J. Derrida, *Séminaire : La bête et le souverain*, t. I (2001-2002), éd. M. Lisse, M.-L. Mallet et G. Michaud, Paris, Éditions Galilée, 2008, p. 67-73, trad. angl. G. Bennington, *The Beast and the Sovereign*, t. 1, Chicago, The University of Chicago Press, 2009, p. 39-43.

3. Hobbes, *Léviathan*, *op. cit.*, chap. XX, p. 209.

disparu avant même d'avoir pu être articulée. Autrement dit, si les auteurs d'un souverain ont toujours été des pères, la question de savoir comment les mères sont devenues des sujets de celui-ci semble ouverte. En effet, la seule façon dont cela aurait pu se produire serait que les mères aient été déjà servantes ou sujets dans une domination familiale créée à partir du mode de domination despotique, associé toujours à la propriété. Il semblerait que les femmes aient été appropriées avant la formation de l'État, et donc été dans la position du vaincu au moment où l'autorisation d'un acteur souverain arrive. Pour avoir une meilleure compréhension de ce que cela implique, il est nécessaire de préciser les différents rôles et statuts hiérarchiques du serviteur, de l'esclave, du sujet, de l'enfant et de la mère.

LE SERVITEUR ET L'ESCLAVE, LA MÈRE ET L'ENFANT

Enquêter sur les rôles hiérarchiques de ces figures conduira à s'interroger sur ce que devient la mère, son rôle ou son statut, après avoir perdu sa domination. Dans *De Cive* et le *Léviathan,* les différentes options sont minces mais notables, d'où une critique supplémentaire de Pateman sur cette question.

1) Ainsi qu'il a été mentionné, la distinction entre serviteur et esclave dans *De* Cive repose sur le fait, pour le second, d'être emprisonné ou enchaîné. Les personnes vaincues promettent de servir le vainqueur en échange d'une vie sauve. Ceux qui ne le font pas ne peuvent être dignes de confiance et se voir accorder une liberté naturelle grâce à laquelle ils pourraient s'échapper, arrêter de servir ou causer des ennuis. Ils sont dès lors appelés esclaves, emprisonnés ou enchaînés. Le serviteur obtient du vainqueur de ne pas être tué, la garantie d'une vie sauve mais ce n'est pas cette promesse qui le garde en servitude mais celle de n'être « pas enchaîné ou enfermé »[1]. La confiance, entre le contrat maître-serviteur de la domination despotique, vient de la confiance du maître que le serviteur ne pourra ni échapper au service, ni lui causer de problèmes, et de la confiance du serviteur que le maître ne l'emprisonnera pas. L'absence de cette confiance est la raison pour laquelle un esclave est emprisonné ou enchaîné, comme un complément à l'obligation liant serviteur et maître. Pour le serviteur et l'esclave, le maître peut réclamer la propriété sur sa

1. Hobbes, *De Cive, op. cit.*, 8.3, p. 204.

personne mais aussi sur l'ensemble de ses biens. Toutefois, le serviteur a, grâce à la distribution du maître, la « *Domination* sur *ses propres biens* de telle sorte qu'il peut les garder et les défendre contre un autre serviteur » [1].

Dans la mesure où la liberté est liberté de mouvement (*freedom from impediments to movement*), serviteur et sujet sont libres alors que l'esclave ne l'est pas. La liberté de mouvement du serviteur et du sujet peut être liée au mouvement dans une direction particulière ou dans un choix de directions, mais cette restriction n'entrave pas le mouvement de la même manière que les liens de l'esclavage. De plus, il y a des obstacles absolus et externes, comme les haies bordurant une route, des obstacles arbitraires tels que le choix de sauter par-dessus bord quand un bateau sombre. Aucun de ceux-ci n'éliminent en eux-mêmes la liberté, même s'ils la conditionnent. Moins il y a d'obstacles, plus on a de liberté [2]. Puisque le serviteur et le sujet rencontrent des obstacles, même s'ils restent libres à des degrés divers, la différence entre eux dépend de ce qu'ils servent. En effet, bien que libres, ni le serviteur ni le sujet n'ont la pleine domination sur eux-mêmes. Ils servent, chacun, quelque chose de différent : « l'homme sert uniquement l'État tandis que le serviteur sert aussi son concitoyen » [3]. Le sujet ne sert que la structure politique, le souverain ou la souveraineté, tandis que la servitude du serviteur se double du fait de servir aussi un autre sujet. En ce que les sujets sont aussi des servants, leur propriété est rendue possible par la distribution du souverain, et, en servant le sujet, le serviteur d'un sujet sert aussi le souverain. Le sujet ne sert que la souveraineté, n'est soumis qu'au souverain, et devient un petit souverain chez lui, aussi longtemps que le souverain maintient la même distribution de la propriété.

L'enfant est un serviteur, lié par l'obligation que son éducation exige. Ainsi, comme le serviteur, l'enfant doit faire ce qu'on lui dit de la manière prescrite, de même un « parent ne peut faire tort à son enfant aussi longtemps que ce dernier est en son pouvoir » [4]. En atteignant la majorité, l'enfant d'un sujet passe de la servitude au statut de sujet selon la même logique que la manumission permet à un sujet de libérer un serviteur. Cela ne rend pas l'enfant affranchi égal à son parent, pas plus que le serviteur libéré n'est l'égal de son l'ancien maître. La condition de la libération de

1. Hobbes, *De Cive*, *op. cit.*, 8.5, p. 211.

2. Il y a bien sûr une ironie à ce que l'esclave soit dans un état naturel et de fait bénéficie d'une absolue liberté, conséquence de son refus d'accepter les obligations du serviteur, mais entraîne aussi son emprisonnement ou le port de chaînes donc une perte de liberté absolue au moins physique.

3. Hobbes, *De Cive*, *op. cit.*, 9.9, p. 211.

4. *Ibid.*, 9.7, p. 212.

l'enfant ou du serviteur est l'honneur dû au libérateur. Dans la mesure où cette liberté est le résultat d'un don du parent ou du maître, l'honneur de ce don est attendu tout comme le souverain attend à juste titre l'honneur du sujet pour le don d'être libre, avec des biens et des serviteurs. Pour Hobbes, c'est la raison pour laquelle la revendication d'honorer ses parents est un accord de principe (*law of agreement*) autant que de nature – honorer ses parents en devenant adulte, ne plus les servir, c'est une promesse qui mérite à terme une libération. En échange de cette servitude, le sujet et l'enfant affranchi « possèdent cet avantage sur les serviteurs d'occuper des fonctions plus honorables dans l'État ou la famille et d'avoir plus de biens accessoires »[1]. Cependant, il y a une servitude persistante pour l'enfant jusqu'à l'âge adulte en ce que la propriété qu'il acquiert ne semble pas être distincte de celle du père[2]. Que cette servitude continue pour le serviteur une fois libéré, cela n'est pas précisé.

La question demeure de savoir quelle est la place de la mère dans cette structure. La servitude persistante pour de l'enfant est rendue possible par l'affirmation de Hobbes selon laquelle la famille a la structure d'une organisation politique en miniature. Cependant, il définit la famille comme suit : « Un père de famille, ses fils et ses serviteurs, se trouvent soudés en une personne civile en vertu d'un pouvoir paternel »[3]. La mère n'apparaît ici littéralement pas ; ni les filles. La logique de la propriété a permis à Hobbes d'exposer une relation *oikopolitique* cohérente entre la domination despotique souveraine et le sujet, serviteur, enfant et esclave, où le souverain distribue la propriété à des sujets en droit de se protéger les uns des autres et qui peuvent, à leur tour, engager serviteurs et enfants dans des conditions semblables à celles entretenues par le sujet vis-à-vis du souverain. Au contraire, l'esclave ne peut se voir confier les libertés dont les sujets, domestiques ou enfants bénéficient, et doit perdre absolument toute liberté et propriété afin de protéger le souverain contre la liberté naturelle absolue revendiquée dans l'absence de confiance. Mais là encore, où est la mère ? Si le père est considéré le maître des enfants, elle a clairement perdu sa domination originelle ou exceptionnelle sur eux. En supposant qu'elle ne les a ni abandonnés ni été faite prisonnière, elle aura perdu son pouvoir soit en naissant dans un monde de domination, soit en le perdant pour le bien de la société. Si elle perd son pouvoir en naissant dominée, alors elle doit être sujet ou servante, mais il n'y a rien qui justifie cette

1. *Ibid.*, 9.9, p. 214.
2. *Ibid.*, 6.15 n., p. 178-179.
3. *Ibid.*, 9.10, p. 214.

affirmation et justifie sa servitude au père. Si elle a cédé son pouvoir pour le bien de la société, elle doit être, là encore, servante, à qui quelques libertés sont accordées, mais Hobbes n'explique pas pourquoi elle ferait une telle chose, surtout si les différences naturelles entre les hommes et les femmes sont trop minces pour revendiquer une domination originelle du père. Enfin, si la mère est une servante, pourquoi le fils, une fois majeur, devrait l'honorer n'est pas clair. Un tel état ne serait pas le résultat du don de la mère, et le fils aurait dépassé la mère dans la hiérarchie politique. En effet, il semblerait que, si la mère est servante, elle puisse théoriquement devenir la propriété de son fils à la mort du père, ce qui pourrait interférer avec la demande de l'honorer.

2) Une grande partie de ce qui est exposé dans *De Cive* sur ces distinctions est, encore une fois, répétée dans le *Léviathan*, bien qu'avec des différences. Dans le *Léviathan,* le serviteur est celui, qui afin d'éviter une mort immédiate sous domination despotique, conclut une convention avec un vainqueur pour le servir. Encore une fois, c'est la convention, non la menace de la mort qui transforme le vaincu en serviteur. En outre, le vainqueur n'est pas obligé d'épargner la vie de celui qui offre de le servir en échange de la vie sauve car cette convention est la naissance d'une obligation réciproque. Là encore, le serviteur se distingue de l'esclave en ce que le premier n'est pas emprisonné même si le second l'est. Hobbes ajoute la condition explicite que l'esclave n'a pas besoin de celui « qui s'en est saisi ou l'a acheté » [1].

Le sujet est libre, vivant dans une relative liberté de mouvement (*the liberty of fewer impediments to bodily movement*) qui donne naissance à d'autres, apparemment incorporelles comme la liberté de parole et le libre arbitre. Ce libre arbitre peut faire prendre des décisions par peur, comme celle de l'emprisonnement menant à la décision de payer ses dettes, et les divers degrés d'obstacles auxquels chacun est confronté et qui ne nous empêche pas d'être libres, comme l'eau coulant entre les berges, « La liberté et la nécessité sont compatibles » [2]. Cependant, c'est à ce moment que l'autorisation apparaît, et donc la différence entre *De Cive* et *Léviathan*. La recherche de paix entraîne la création de l'homme artificiel et, à leur tour, les « chaînes artificielles, appelées lois civiles, qu'ils ont eux-mêmes, par des conventions mutuelles attachées d'un bout aux lèvres de l'homme ou de l'assemblée à qui ils ont donné le pouvoir souverain; et

1. Hobbes, *Léviathan*, *op. cit.*, chap. XX, p. 211.
2. *Ibid.*, chap. XXI, p. 223.

de l'autre à leurs propres oreilles »[1]. En ce que la propriété n'est pas un principe opérationnel pour la fondation d'un État institutionnel et librement gouverné, elle opère par des chaînes que les sujets eux-mêmes ont fixées. Ils autorisent leurs chaînes, ils sont les auteurs des actes du souverain[2]. Toutefois, même dans les États de domination acquise, il y a des sujets qui ont des libertés, des droits qui ne peuvent être cédés au souverain, tels que celui de se défendre[3]. Si l'autorisation est l'acte par lequel la convention a lieu, c'est le *Fiat* qui crée l'homme artificiel de la souveraineté[4]. Cet acte est distinct de la cession de sa propre propriété au souverain qui la distribue, celle-là comme d'autres, en ce que cela rend les sujets responsables de leurs libertés, qu'ils en jouissent ou non, et le souverain la création, l'enfant de ses sujets.

L'enfant est bien sûr dans un état de domination paternelle, et donc dans un état acquis. En tant que sujet d'une telle domination, l'enfant maintient son droit à l'autodéfense[5]. Dans la mesure où l'enfant donne son consentement à cette domination, ne serait-ce qu'en acceptant nourriture et chaleur, il reste dans le même état que le serviteur d'une domination despotique, cédant ses droits non par autorisation, mais par une promesse, celle de ne pas échapper à ses obligations envers le parent ou le maître contre nourriture et chaleur. Plus encore, le parent a non seulement la domination sur l'enfant, mais aussi « sur les enfants de l'enfant; et sur les enfants de ceux-ci »[6], puisque la domination conserve des aspects de propriété que l'autorisation aurait bannis dans un État institutionnel. En d'autres termes, parce que l'enfant est la propriété du parent, tous les biens acquis ultérieurement par cette propriété restent, au moins en théorie, la propriété du *paterfamilias*. Néanmoins, si l'autorisation du souverain opère comme un *Fiat* dans la génération de la souveraineté, les actes du souverain seraient provoqués par les sujets, les parents d'un enfant pourraient revendiquer tous les biens de l'enfant, y compris le leur, indépendamment de la descendance générée, les actes du souverain indépendants de l'autorisation verbale des sujets.

1. *Ibid.*, p. 223-224.
2. *Ibid.*, p. 227.
3. *Ibid.*, p. 229-230.
4. *Ibid.*, introduction, p. 5-7.
5. *Ibid.*, chap. XXI, p. 229-230.
6. *Ibid*, chap. XX, p. 210.

Mais, là encore, où est la mère? L'enfant et le serviteur sont dans la même relation structurelle, sous domination, paternelle et despotique « et les raisons en sont les mêmes »[1], et le sujet autorise à ce que le souverain dise « je prends sur moi toutes ses actions »[2], laquelle autorisation crée le souverain et ce qu'il génère, tout ce qui peut être interprété comme la propriété des sujets autorisant ou du moins qu'ils doivent posséder. Pourtant, de nouveau, la mère a disparu puisque la famille se définit par un père, des enfants et des domestiques. Mais, il y a peut-être un indice en ce que Hobbes affirme qu'une « famille n'est pas à proprement parler une république »[3], à moins qu'elle puisse se défendre contre tous les périls, même si une famille, dans l'état de nature, peut opérer comme une monarchie en miniature. Les États se sont érigés par l'autorisation, le fait pour les sujets de « se placer sous » leurs souverains[4], et ont été établis par les pères plutôt que par les mères. Seuls les pères ont été impliqués dans le processus d'autorisation. Dans la génération de la souveraineté, seuls les pères ont pu devenir sujets. Cela semble suggérer encore une fois que les mères ont cédé leur domination originelle ou exceptionnelle (*preternatural*) dans l'état de nature afin de vivre sous domination paternelle. Dans *De Cive*, Hobbes cite un exemple de contrat par lequel les mères n'ont pas cédé leur domination originelle : les Amazones. Elles l'ont fait pour gouverner et ont maintenu la domination sur leurs filles. Cependant, dans la structure *oikopolitique* sur laquelle travaille Hobbes, la mère a cédé la domination sur les fils et les filles. Elle est « l'auxiliaire » du père[5], l'aide peut-être, mais est sans aucun doute une servante[6]. Seulement, Hobbes n'offre pas la possibilité pour la mère de céder ses droits au nom du bien commun, la seule explication serait qu'elle ait été vaincue. Elle n'aurait pas autorisé la génération du père en qualité de souverain tel qu'il puisse devenir sujet. Le droit matrimonial, le contrat de mariage, ne naît qu'avec la génération de la souveraineté, et ne peut donc être une raison pour elle de céder ses droits originels ou exceptionnels (*preternatural*). Au mieux, la mère aurait été un sujet qui, d'une manière ou d'une autre, serait tombée dans l'état de servitude en étant faite prisonnière de guerre, perdant son souverain ou en étant bannie. Mais, l'universalité ou la communauté d'une

1. Hobbes, *Léviathan*, *op. cit.*, chap. XX, p. 214.
2. *Ibid.*, chap. XXI, p. 230.
3. *Ibid.*, chap. XX, p. 214.
4. *Ibid.*, p. 215.
5. *Ibid.*, p. 209.
6. *Ibid.*, p. 211.

telle circonstance n'est pas naturelle puisque les hommes et les femmes ne sont pas si différents en termes de force physique ou mentale. La mère semble être une servante dont la défaite fut de devenir mère. En effet, sa domination originelle est exceptionnelle dans la mesure où elle n'a jamais apparu, ou a opéré à un niveau sur-naturel (*super-natural*), une domination fantomatique qui hante la souveraineté *sans propriété* de l'autorisation.

3) Dans *De Cive* et le *Léviathan,* la mère semble exister comme servante, bien que différemment. Dans le premier, elle devient servante soit au nom du bien de la société, soit en naissant dans un monde de domination paternelle ; dans ce dernier, elle est vaincue. Pateman reconnaît que la mère perd sa domination originelle ou exceptionnelle (*preternatural*) après avoir été conquise sans contester la distinction faite de l'autorisation entre *De Cive* et le *Léviathan*[1]. Pour elle, « au moment où le contrat initial est conclu, *toutes* les femmes ont été conquises par les hommes et sont devenues servantes »[2]. Elle spécule que la grossesse est un désavantage tactique pour la mère à l'état de nature en ce que, devant défendre à la fois elle et son enfant contre tous, cela entraîne sa chute. Une fois conquise, la domination maternelle est remplacée par celle paternelle et les mères « deviennent les servantes permanentes des maîtres masculins »[3]. Pateman admet que ce processus prendrait du temps et que, si des sociétés d'Amazones se constituaient pour rivaliser avec celles patriarcales, cela engendrerait une guerre de tous contre tous. Cependant, dans Hobbes, « nous savons qui gagne [une telle guerre], et par conséquent un seul récit peut être raconté »[4]. La logique du commencement de la domination est dépassée par une historique.

C'est pour cette raison, selon Pateman, que l'institution contractuelle d'un État est chez Hobbes un acte purement masculin. Cela doit se faire à travers un contrat conclu entre ceux qui ont « la même forme corporelle » car « il ne peut y avoir de personnage représentatif qui puisse représenter la "personne", la forme corporelle des deux sexes »[5]. Cette lecture ne tient

1. En passant, elle dit aussi que la distinction entre servante et esclave manque. Je désapprouve, mais, puisqu'elle ne va pas dans le détail de cette affirmation, je n'irai pas plus loin ici (C. Pateman, « "God Hath Ordained to Man a Helper" », art. cit., p. 456.)

2. *Ibid.*, p. 457.

3. *Ibid.*

4. *Ibid.*, p. 458.

5. *Ibid.*, p. 460-461. C. Pateman n'indique pas l'éventualité d'un être androgyne, transsexuel, transgenre dans le *Léviathan*, probablement parce que Hobbes ne l'envisage pas non plus. À part le mentionner, je n'ai pas l'espace de développer cette question ici.

pas compte de la discussion hobbesienne sur les négociations concernant la domination sur les enfants quand une femme est souveraine[1] mais il semble qu'une telle critique peut être contrée en affirmant qu'une femme ne devient souverain qu'après un contrat originel ait établi le pouvoir patriarcal. Néanmoins, Pateman ne tient pas non plus compte des différences entre *De Cive* et *Léviathan,* tant sur la manière dont la mère devient servante que sur l'autorisation dans l'institution de la souveraineté. Sur le premier point, il apparaît que la seule possibilité dans le *Leviathan* que la mère devienne servante soit en étant vaincue. Dans *De Cive*, la possibilité d'un consentement pacifique à la servitude semble ouverte par l'assertion que les mères peuvent céder leur domination originelle ou exceptionnelle (*preternatural*) au nom du bien de la société. Pour Pateman, cela signifierait que les femmes, devant le constat de leur désavantage tactique – non seulement contre les hommes, mais contre tous – en donnant naissance, auraient pu céder leur domination contre protection. Une telle perte de domination découlerait toujours d'une conquête, mais pas nécessairement de la manière violente que Pateman et le *Léviathan* envisageaient comme seule option.

Quant au second point, Pateman n'estimant pas l'autorisation importante, elle ne reconnaît pas non plus la distinction entre les sujets du *De Cive* et du *Léviathan*. Dans le *Léviathan,* le sujet a autorisé la souveraineté de celui qui le gouverne et est donc l'auteur des actes souverains limitant les actions du sujet, et se distingue serviteur qui, lui, n'a pas participé à ce processus parce que vaincu et dominé. Dans *De Cive*, le sujet et le serviteur ne se différencient qu'en termes de qui ou de ce qu'ils servent, le sujet soumis à la structure politique et le serviteur à un sujet ou un autre serviteur. Reconnaître cette différence entre *De Cive* et le *Léviathan* aurait pu renforcer l'affirmation de Pateman, non sans ironie, selon laquelle la mère doit nécessairement être vaincue avant la formation de l'État. Dans *De Cive*, le sujet et le serviteur interagissent avec une relative égalité dans la mesure où ils sont tous deux dans un état de servitude et traités comme propriété du souverain, malgré des différences de degrés, tandis que le *Léviathan* engendre une différence qualitative entre sujet et esclave. Si la mère est servante dans *De Cive*, elle se trouve dans un état de servitude assez semblable à celle du père (à moins bien sûr que le père en question soit le souverain, mais dans ce cas, elle est autant servile que n'importe quel autre membre de la cour). Cette similitude pourrait expliquer pourquoi une mère peut céder sa domination originelle au nom

1. Hobbes, *De Cive*, *op. cit.*, 9.5, p. 211-212 ; *Léviathan*, *op. cit.*, chap. XX, p. 210.

du bien de la société. La société du *De Cive* est la même pour tous en ce que tous sont des serviteurs, propriété du souverain, et rend la décision de la mère relativement rationnelle : elle ne cède pas plus que quiconque, à l'exception du souverain.

Dans le *Léviathan*, la mère, en tant que servante d'un sujet, n'a pas la possibilité d'autoriser. Elle est vraiment au-dessous de n'importe quel père avec qui elle pourrait être unie, souverain ou autre. Ici, il y a au moins deux ironies à l'œuvre. La première serait que dans un monde où l'autorité politique n'opère plus par le biais de la propriété, la position de la mère soit pire encore. Sans être moins libre que dans la domination fondée sur la propriété, la mère l'est moins que le père non souverain. La dissociation de l'autorité politique de la propriété n'a, a minima, pas libéré la mère. La deuxième ironie est qu'étant donné la dynamique de l'autorisation et de ce qui agit en son nom, la mère, à l'instar des autres serviteurs et esclaves acquiert une forme perverse de liberté qu'ont ceux qui ne s'enchaînent pas eux-mêmes. Si elle ne participe pas au processus d'autorisation, elle peut être considérée comme détenue seulement par des chaînes extérieures et, si elle trouvait les moyens et la possibilité de se libérer, peut-être à travers une autre forme d'autorisation, elle serait libre de le faire. Un matriarcat sommeille peut-être dans les ombres du *Léviathan*.

RETOUR SUR LA DOMINATION MATERNELLE [1]

Cependant, il est extraordinairement difficile de construire un nouveau mode d'autorisation une fois l'État formé. Il apparaît plus utile d'examiner le rôle joué par la domination maternelle dans *De Cive* et le *Léviathan*. Dans les deux, il sert de justification originelle ou exceptionnelle (*preternatural*) pour gouverner (*for rule*), quoique différemment. Dans *De Cive*, la domination de la mère sur ses enfants est entendue comme si elle en était propriétaire. Elle est leur seigneur et maître et peut en disposer à sa guise puisqu'ils lui appartiennent. Sous une telle domination, la domination s'entend comme propriété. C'est original et originaire dans la mesure où cela fonde la domination contractuelle et despotique. Ainsi, dans *De Cive*, la famille est vraiment un royaume en miniature. Le père a acquis la domination sur la mère et les enfants au moyen d'une conquête ou de la nécessité de la reconnaissance de la mère de la société, suite à son accouchement.

1. Je dois pour cette section certains éléments de développement à la discussion avec Yves Charles Zarka et John Dunn.

La domination originelle de la mère, donnée au père, est le fondement de la domination paternelle.

Dans le *Léviathan*, la domination maternelle sert un but légèrement différent. Là, le mode de domination est exceptionnel (*preternatural*). Il est établi par un processus générationnel qui rend l'autorisation possible. Que les mères aient ou non perdu une guerre avec les pères, celles à l'état de nature peuvent l'identifier comme source de domination et donc ne pas s'y soumettre. En effet, si l'état de nature est l'état où tous sont égaux alors la conquête impliquée dans la domination despotique ne semble possible qu'après un processus d'autorisation ait fondé l'État. La domination de la mère représente alors la domination originelle où perdure l'état de nature. Elle place peut-être même ceux qui autoriseront l'action souveraine dans le même état de nature duquel ils tentent de s'échapper. C'est une domination logiquement antérieure à l'état de nature qui donne les moyens de s'échapper de la nature et fait advenir l'histoire. La domination maternelle sert d'écran exceptionnel (*preternatural*), peut-être métaphysique ou même hyperphysique, placé entre la logique et l'histoire qui permet un récit de l'autorisation. Elle donne une logique au commencement logique des vies sous l'emprise de celui qui nous protège et nous préserve. En faisant ainsi, cela sert aussi de point de rupture de la nature et dans l'histoire. Les spéculations sur les Amazones ou d'autres matriarcats deviennent des fictions spéculatives face à l'histoire de l'autorisation qui suit l'état rendue possible par la domination de la mère. Au final, le caractère de telles références n'est pas moins spéculatif ou fictif avec l'admission que l'état de nature soit lui-même une fiction. Au contraire, il le devient davantage puisque la domination maternelle donne une logique à celle de la domination en tant que telle.

Si tel est le cas, le but de cette domination originelle, exceptionnelle (*preternatural*) repose sur l'idée que la domination maternelle se base sur la protection que la mère apporte à l'enfant. Autrement dit, la protection est la principale justification de cette domination au-delà de l'acte de génération lui-même. D'une certaine manière, Hobbes s'oppose à l'idée aristotélicienne selon laquelle la contribution du père à la génération de l'enfant est le principe actif[1]. Une version christianisée ou biblique de l'argument aristotélicien a été reprise par le contemporain de Hobbes, Robert Filmer. Selon son argumentation, toute domination peut être reliée à la domination

1. Voir Aristote, *De Generatione Animalium*, dans *De Partibus Animalium* I et *De Generatione Animalium* I, trad. angl. D. M. Balme, Oxford, OUP, 1992, 729a25-30.

d'Adam sur Ève en tant que produit de sa côte[1]. Sur cette lecture, Hobbes fait appel à l'expérience commune de la plupart de ses lecteurs, élevés par des mères ou au moins des nourrices. Ce serait, de ce point de vue, un mouvement rhétorique destiné à saper les revendications Filmero-aristotéliciennes.

Cependant, l'argument de Hobbes, bien qu'opérationnel d'un point de vue rhétorique, n'en reste pas là. Il ouvre la possibilité qu'un enfant puisse être placé dans la situation impossible de servir deux maîtres, raison pour laquelle une décision doit être prise. Si le père n'est ni naturellement assez fort pour dominer un autre adulte, ni contribuer au principe actif de la vie, alors la domination revient à la personne perpétuant la vie, la mère. Mais, en lui incombant, la structure et le but de la domination sont transformés en protection passée, présente et future (au moins jusqu'à la majorité). De cette manière, la vie politique se donne un nouveau fondement: la protection. Plus précisément, le *fiat* par lequel le *Léviathan* est créé, dans la mesure où il est un pacte ou une convention entre ceux autorisant son existence, n'est jamais en soi la génération du souverain, mais la promesse dans le futur de son succès ou son échec, de son existence ou de sa mort, de la création de ce moment inaugural. Si la relation d'obéissance et de protection s'inverse après l'autorisation du *Léviathan*, elle est en quelque sorte similaire à la situation de servitude de la mère par rapport au fils à l'âge adulte. Cependant, dans la mesure où l'appel à la domination maternelle est un geste rhétorique visant l'expérience de la plupart de ses

1. Voir Sir R. Filmer, *Patriarcha, or the Natural Powers of the Kings of England Asserted and Other Political Works*, éd. P. Laslett, Oxford, Basil Blackwell, 1949, p. 245. Comme Pateman lit cet argument, Filmer expose la forme classique du patriarcat qui traite « tout droit politique comme le droit du père » (C. Pateman, « "God Hath Ordained to Man a Helper" », art. cit., p. 451). Pour elle, dans son argument contre Filmer, Hobbes aide à établir une nouvelle forme moderne de patriarcat où la mère s'est contractuellement soumise au pouvoir par la conquête ou le désavantage tactique de l'accouchement. Pateman et Zarka s'accordent à dire qu'une nouvelle forme de formation politique est établie sur ce point, surtout dans la mesure où la domination de l'enfant est supposée provenir d'un accord démontré en acceptant d'être nourri. Zarka demande aussi, « par là même le concept hobbesien de *regnum patrimoniale* ne perd-il pas le contenu patriarcal et naturaliste que Filmer y cherchait ? » (Y. C. Zarka, *Hobbes et la pensée politique moderne*, *op. cit.*, p. 264, trad. angl., p. 227;). Pour Zarka, cette nouvelle structure politique, la formation d'une volonté publique plutôt que privée *via* l'autorisation impliquée dans la génération du Léviathan, peut ou non laisser ouverte la possibilité d'une nouvelle forme de patriarcat. La nouvelle forme d'autorisation établie dans le *Léviathan* donne lieu à un patriarcat nouveau ou au moins distinct, et ce qui est nouveau à ce sujet doit être compris en termes d'autorisation comme distincte de la compréhension du contrat établi à *De Cive*.

lecteurs, il prend d'autres résonances politiques, physiques et métaphysiques. Ce geste, presque rhétorique, devient l'appel par lequel la souveraineté, même autorisée, peut être justifiée rétroactivement. C'est-à-dire la mère et sa domination deviennent l'expérience de la protection par laquelle le *Léviathan* peut trouver et articuler sa raison d'être. Puisque cette expérience est un mode « naturel » ou coutumier de différenciation sexuelle et/ou de rôles de genre dans les ménages invoqué par Hobbes, ménages au moins soumis au *Léviathan* du roi d'Angleterre, le geste rhétorique est aussi physique. Cependant, puisque l'appel à la domination maternelle comme naturelle se montre lui-même opérant de manière exceptionnelle, originale, comme un écran entre le logique et l'historique, le geste rhétorique relève aussi de la métaphysique, sinon du surnaturel. La domination maternelle est un acte rhétorique de l'expérience commune des lecteurs de Hobbes par laquelle ils peuvent trouver un mode de domination naturelle qui justifie le *Léviathan*, généré par leur propre autorisation, qui fonctionne sous un mode établi de souveraineté, simultanément métaphysique, et surtout une justification rétroactive.

Dans *De Cive*, il n'y a que la domination despotique et paternelle. Le mode despotique inclut le contrat mutuel et la conquête et le mode de génération la domination paternelle. Les manières les plus intéressantes du transfert de la domination originelle, surnaturelle de la mère au père sont quand elle se trouve sous la domination d'un autre ou le fait au nom du bien de la société. Dans le *Léviathan*, la souveraineté par institution émerge du contrat mutuel, tandis que la souveraineté par acquisition vient d'un droit paternel sur les enfants ou d'une conquête amenant à une convention. La domination originelle, exceptionnelle (*preternatural*) de la mère est cédée principalement parce que les États ont été établis par les pères. Comme le souligne Zarka, il existe une différence significative entre *De Cive* et *Léviathan* dans l'introduction de l'autorisation de la souveraineté par institution. Cette introduction dissocie la souveraineté par institution du concept de propriété opérant dans les modes de domination du *De Cive* alors que, dans le *Léviathan*, la propriété provient toujours de la souveraineté par acquisition. Ainsi, *De Cive* laisserait la mère dans un état de servitude au père alors qu'elle a cédé sa domination originelle, exceptionnelle (*preternatural*), pour le bien de la société. En revanche, dans le *Léviathan*, les femmes peuvent avoir appartenu à une souveraineté par acquisition avant l'autorisation d'une souveraineté par institution.

Dans ce concept de la propriété s'exercent les principes de fonctionnement communs à tous les modes de domination dans *De Cive*. La mère est servante d'un père lui-même soumis au souverain et peut-être à son fils adulte, plutôt que d'un sujet ou d'un esclave. Cependant, dans le *Léviathan*, l'introduction de l'autorisation, l'absence d'appel à la société et l'égalité naturelle des hommes et des femmes se rassemblent pour signifier soit que la servitude de la mère a émergé de la conquête ou que la domination originelle, exceptionnelle (*preternatural*) n'a jamais apparu mais qu'elle hante l'autorisation. Pateman accepte la conquête comme motif de la servitude maternelle mais elle ne voit pas l'importance de l'autorisation entre *De Cive* et *Léviathan*. Pour cette raison, elle ne mentionne pas les différences entre ces textes sur le sujet et l'esclave. Si l'autorisation est reconnue, alors la différence entre le sujet et l'esclave dans *De Cive* peut être comprise comme une question de degré, expliquant peut-être pourquoi une mère cède sa domination originelle, exceptionnelle (*preternatural*) à la société. Au contraire, l'autorisation dans le *Léviathan* rend un sujet qualitativement supérieur à un serviteur et laisse la mère dans une position de servitude inexplicable en termes d'état de nature, sauf par le biais d'une conquête.

Tout cela signifie que la domination originelle, exceptionnelle (*preternatural*) de la mère dans *De Cive* est le fondement du principe de fonctionnement de la propriété de tous les modes de domination. Dans le *Léviathan*, la domination originelle, exceptionnelle (*preternatural*) de la mère agit comme un geste rhétorique sur l'expérience propre des lecteurs de Hobbes. Elle explique de manière rétroactive la souveraineté par la protection. Ce faisant, ce geste permet de placer un écran entre la logique de cette domination originelle et l'histoire des souverainetés qui ont émergé dans son sillage. En tant qu'écran, la domination maternelle apparaît seulement comme fantôme, une justification exceptionnelle ou surnaturelle du pouvoir (*rule*) du souverain, dans la mesure où elle est justifiée par l'appel à l'histoire (pères fondateurs) et la coutume (l'expérience commune de la plupart des lecteurs), et ce même après sa génération par l'autorisation.

En fait, la mère et sa domination ne sont jamais apparues. Toutes deux demeurent des spectres, des esprits qui hantent la logique aussi bien que l'histoire de la domination et de l'autorité. Ce sont des fabulations et des superstitions surnaturelles, exceptionnelles, par lesquelles sont nées les traditions d'autorisation, de domination, de droit et de coutume [1].

Traduit par Cécile HOUSSET
(PHILéPOL, Université de Paris)

1. Ce travail a été soutenu par la *Slovak Research and Development Agency* sous le contrat No. APVV-15-0682.

L'INÉVITABLE FARDEAU DU JUGEMENT DOMINATION, SOUMISSION, ALLÉGEANCE ET RÉSISTANCE CHEZ HOBBES

John DUNN *

En anglais courant (et plus encore en américain), le terme de domination est chargé de connotations fortement péjoratives, et ce depuis au moins deux siècles. Selon une importante théorie politique contemporaine, qui se rattache à une longue tradition classique, elle est ce qu'il faut par-dessus tout éviter dans la vie collective d'une communauté politique[1]. Quoi qu'il en soit, dans le latin employé par Hobbes en 1642, *dominatio* ne portait aucune connotation de cette sorte. Pour nous, aujourd'hui, la domination suggère un degré et un type de sujétion qu'aucun aspirant au pouvoir politique ne saurait rechercher sans se discréditer, et qu'il serait indigne d'accepter, du moins pour un adulte. Elle correspond à une espèce de relation qui n'est pas seulement dégradante, mais qui tout simplement ne devrait pas se produire entre des êtres humains, impliquant servilité, obséquiosité, ou pure et simple terreur. Elle bafoue aussi ouvertement et explicitement la valeur fondamentale du libéralisme philosophique contemporain, à savoir la primauté du droit individuel à l'autonomie et du droit concomitant de l'exercer, qui est le site présumé de la dignité spécifique des êtres humains[2]. Que Hobbes n'ait pas été un anarchiste n'est pas un

* Cambridge University.

1. Ph. Pettit, *Republicanism*, Oxford, OUP, 1997, trad. fr. P. Savidan, *Républicanisme : une théorie de la liberté et du gouvernement*, Paris, Gallimard, 2003; Q. Skinner, *Liberty before Liberalism*, Cambridge, CUP, 1998.
2. R. Dworkin, *Sovereign Virtue*, Cambridge (Mass), Harvard UP, 2002.

secret; mais il est beaucoup plus difficile de juger à quel degré de soumission il était favorable, en faveur de qui, et encore moins pourquoi. Il était certainement poli, selon les canons rigoureux de la courtoisie requise dans les cercles nobiliaires et curiaux dans lesquels il évoluait souvent; mais personne ne l'a vu être servile ou obséquieux. La théorie hobbesienne de la sujétion politique, comme toute théorie réellement forte, imbrique des concepts soigneusement spécifiés et reliés. La plupart d'entre eux ont vocation à s'appliquer à une variété de domaines bien au-delà de la politique. Mais c'est aussi une théorie destinée à s'appliquer à tous les êtres humains, et à donner à la grande majorité d'entre eux de très nombreuses raisons impératives d'agir d'une manière à laquelle ils ne seraient autrement pas du tout enclins[1]. (C'est d'ailleurs une intéressante question que de savoir ce qu'elles impliquaient aux yeux de Hobbes lui-même pour son royal maître et futur roi). Elle heurtait frontalement et sans concessions les conceptions religieuses et politiques de la plupart de ses contemporains, les présentant, eux et leurs raisons de sentir et d'agir, sous un jour peu flatteur. Et pourtant, elle n'en espérait pas moins les persuader, à tout le moins ceux d'entre eux capable de la lire et de la comprendre, d'agir comme elle les y invitait. Une des questions les plus intéressantes qui se posent à son sujet est de savoir comment Hobbes lui-même concevait, tout au long des décennies au cours desquelles il l'a développée et raffinée, qu'elle pouvait et devait y parvenir. Mais ce n'est pas la question qui préoccupait la plupart de ses contemporains. Pour eux, la question clé était de savoir ce qu'elle leur enjoignait de faire exactement et combien les raisons qu'elle leur donnait de suivre ses prescriptions étaient contraignantes.

Dans ses grandes lignes, pour autant que nous puissions en juger à partir des preuves dont nous disposons, elle est restée pour l'essentiel la même théorie que celle que Hobbes avait commencé à développer bien avant le début de la guerre civile anglaise; mais elle a été approfondie et étendue pendant au moins une douzaine d'années, notamment avec l'ajout dans le *Léviathan* de la notion d'autorisation. Hobbes travaillait encore soigneusement et résolument à une version finale et plus largement accessible de sa théorie alors qu'il avait plus de soixante-dix ans – âge très avancé à cette époque. Pour ce public plus large, géographiquement et culturellement plus divers que celui qu'il avait atteint avec le *De Cive*[2], il était plus facile

1. I. D. Evrigenis, *Images of Anarchy: The Rhetoric and Science in Hobbes's State of Nature*, Cambridge, CUP, 2014, p. 238.

2. Th. Hobbes, *De Cive: the Latin Version* [Paris, 1642], éd. H. Warrender, Oxford, Clarendon Press, 1983, p. 5; R. Tuck, « Hobbes and Democracy », *in* A. Brett, J. Tully (eds),

de la percevoir comme une théorie philosophique nouvelle et aventureuse, et non comme une intervention politique liée à des circonstances spécifiques; mais dans l'Angleterre pour laquelle Hobbes a certainement commencé à la développer, la plupart de ceux qui la lisaient l'ont clairement perçue avant tout comme une prise de position politique virulente. Nombre de ses hypothèses se heurtaient aux croyances essentielles de la plupart de ses contemporains et il en aurait été de même en France, en Allemagne ou aux Pays-Bas. Mais en Angleterre, ses conclusions politiques étaient de part en part de nature à provoquer l'hostilité. Lorsque les tensions politiques entre le monarque et le Parlement ont crû, et que la guerre civile a éclaté et s'est achevée avec l'exécution du premier et la dissolution du second, ces conclusions se sont avérées aussi instables que la théorie elle-même, et probablement davantage. Au moment de la publication de la première édition anglaise du *Léviathan* leur instabilité devint une source d'embarras aigu pour Hobbes lui-même et perturba temporairement les relations chaleureuses et d'estime entre le maître royal, pour lequel Hobbes avait probablement préparé sa meilleure copie manuscrite [1], et celui qui était au moins son précepteur adjoint en mathématiques [2].

Sans doute peut-on considérer cet épisode simplement comme une situation personnellement difficile pour Hobbes lui-même, et il est assez vraisemblable que c'est ainsi que Charles II, dont il est clair qu'il appréciait personnellement grandement Hobbes [3], en vint finalement à voir les choses. Mais à considérer la chose de cette façon, on serait aveugle aux aspects de la théorie de Hobbes qui lui ont donné sa place unique dans la pensée politique occidentale et qui lui ont assuré une postérité telle qu'elle demeure de part en part politiquement aussi vitale et universelle aujourd'hui qu'elle l'était du vivant de Hobbes.

Si toutes les théories philosophiques aspirent à l'intemporalité, et si chacune surgit dans des circonstances hautement contingentes, les théories politiques sont confrontées à la contingence sous deux angles très

Rethinking the Foundations of Modern Political Thought, Cambridge, CUP, 2006, p. 172 ; N. Malcolm, « Hobbes and the European Republic of Letters », *Aspects of Hobbes*, Oxford, Clarendon Press, 2002, p. 457-545. Ce public initial n'a sans doute pas été plus large que celui qu'avaient atteint les copies manuscrites des *Elements of Law* : J. Parkin, *Taming the Leviathan : the Reception of the Political and Religious Ideas of Thomas Hobbes in England 1640-1700*, Cambridge, CUP, 2007, p. 21-24 et p. 32-41.

1. Th. Hobbes, *Leviathan*, éd. N. Malcolm, Oxford, Clarendon Press, 2012, t. 1, introduction, p. 97-99.

2. *Ibid.*, p. 5, p. 10-12 et p. 52-57.

3. *Ibid.*, p. 146, p. 152 et *cf.* p. 38.

différents. Aussi lucides et cohérentes qu'elles soient, elles doivent aussi pouvoir se rapporter aux circonstances présentes de la politique. Cette exigence était particulièrement pressante et difficile à satisfaire dans le cas de Hobbes en raison des implications contradictoires des deux propositions centrales de sa théorie : celle qui veut que toutes les obligations humaines découlent des choix de ceux qui y sont soumis[1], et celle qui fait un strict impératif pour chaque être humain, sauf pour le souverain, d'aliéner sans réserve à celui-ci son propre jugement quant à ce qu'il convient de faire pour préserver la République[2].

La seule limite à cet impératif, explicitement reconnue par Hobbes, est le droit des individus confrontés à un risque personnel et immédiat de mort de tout faire pour l'éviter[3]. Cette clause de réserve est clairement requise par les termes de la théorie de Hobbes; mais elle est aussi nécessairement dépourvue d'efficace dès lors qu'elle est à ce point limitée. Ceci fait signe vers un dilemme qui est tout aussi politique que philosophique. Toute théorie qui reconnaît pleinement la primauté du besoin d'ordre politique est mal placée pour formuler et construire une théorie également claire et directive des conditions de possibilité d'une résistance effective et salutaire vis-à-vis d'un pouvoir malveillant et fauteur de désordre. Toutes les théories de la résistance requièrent de ceux qui sont menacés un jugement étendu, précis et prompt quant à la nécessité où ils se trouvent d'arrêter ou de renverser le pouvoir malveillant qui pèse sur eux. Mais s'il faut attendre, pour être en mesure de porter un tel jugement, d'être confrontés à une menace immédiate de mort, il est presque toujours bien trop tard pour qu'il y ait le moindre espoir qu'il s'avère efficace. Une résistance désespérée peut être noble et inspirante, et elle peut avoir une valeur d'exemple puissante; mais elle ne peut sauver ceux qui en ont le plus besoin, ou ceux, encore plus vulnérables, qui leur sont les plus chers.

Si l'on confronte la théorie de Hobbes au paysage ravagé de la Syrie d'aujourd'hui, sa fragilité politique éclate pleinement au grand jour. Non qu'il existe une théorie de la résistance justifiée plus récente (laissons les plus anciennes de côté) capable de mettre fin à l'agonie syrienne. Nous pensons encore la casuistique de la résistance légitime, en très grande part, en termes de dissolution du devoir d'obéissance au titulaire de l'autorité, et

1. Th. Hobbes, *Léviathan*, trad. fr. F. Tricaud, Paris, Sirey, 1971, XXI, p. 229 : « nul ne supporte en effet aucune obligation qui n'émane d'un acte qu'il a lui-même posé, puisque par nature tous les hommes sont également libres ».

2. *Ibid.*, p. 230; XXVIII, p. 331.

3. *Ibid.*, XXI, p. 230; XXVIII, p. 331.

nous ne nous demandons guère, et jamais de façon cohérente, comment cette dissolution doit s'articuler avec l'évaluation des chances de succès de la résistance. Nous préférons d'ailleurs ne pas penser trop précisément à ce que signifierait le succès à long terme, et nous restreignons notre attention à ce qui dans l'immédiat est nécessaire pour renverser les tyrans. La longue histoire d'amour entre l'Occident et la révolution fut un apprentissage douloureux de la difficulté de passer du succès immédiat au succès durable[1]. La théorie de Hobbes demeure un site d'observation privilégié des raisons pour lesquelles il en est ainsi. Mais elle n'est pas d'un grand secours pour ce qui est d'indiquer ce qu'il convient de faire face à une tyrannie. Cela ne s'explique pas seulement parce que Hobbes récusait le terme de tyrannie[2], ou parce qu'il n'aurait pas eu conscience que le pouvoir politique peut être l'objet d'abus. Ce n'est pas davantage parce que la théorie de Hobbes serait une théorie philosophique, tandis que la question de ce qu'il convient de faire lorsque l'on est confronté à une tyrannie serait une question pratique[3], et dès lors une question sur laquelle un philosophe ne saurait se prononcer sans déchoir, ou sans faire preuve d'effronterie. C'est avant tout parce que la clarté et la radicalité de l'affirmation, par Hobbes, de la primauté du besoin d'ordre politique mettent en évidence à quel point cette nécessité est éprouvée par tous les individus humains dès leur plus jeune âge, et à coup sûr aussitôt qu'ils aspirent à devenir des acteurs politiques. Nous devrions toujours nous souvenir que la théorie de Hobbes a d'abord été conçue pour répondre aux acteurs politiques qui avaient fait le choix de présenter leur monarque comme un tyran, parmi

1. J. Dunn, *Modern Revolutions : an introduction to the analysis of a political phenomenon*, Cambridge, CUP, 1989 (2ᵉ éd.); *id.*, « Revolução 2008 ? », *Lua Nova* (São Paulo), 75, 2008, p. 199-214.

2. Hobbes, *Léviathan*, *op.cit.*, XIX, p. 193 : « *(…) tyrannie et oligarchie* (…) ne sont pas là d'autres formes de gouvernement : ce sont les mêmes qu'on appelle ainsi, quand on ne les aime pas. Ainsi ceux qui ne sont pas satisfaits sous la monarchie, l'appellent tyrannie ». Cf. *ibid.*, « Révision et conclusion », p. 717 : « Étant donné que le nom de tyrannie ne signifie rien de plus, ni rien de moins, que celui de souveraineté (que celle-ci réside en un seul ou en plusieurs), hormis le fait que ceux qui usent de la première expression sont, en principe, irrités envers ceux qu'ils nomment tyrans, j'estime qu'en tolérant une profession de haine contre la tyrannie on tolère une profession de haine contre la République en général, tolérance qui est un autre germe nocif, peu différent du précédent ». Voir K. Hoekstra, « Tyrannus Rex vs. Leviathan », *Pacific Philosophical Quarterly*, 82, 2001, p. 420-446.

3. Hobbes, *Léviathan*, *op.cit.*, XX, p. 219-220 : « L'art d'établir et de maintenir les Républiques repose, comme l'arithmétique et la géométrie, sur des règles déterminées; et non comme le jeu de paume sur la seule pratique ». Cf. *ibid.*, p. 219 : « la plus grave objection est celle qu'on tire de la pratique ».

lesquels certains, en temps voulu, en vinrent à le traiter comme tel[1]. Les lecteurs contemporains n'avaient aucune peine à reconnaître dès le départ l'ambiguïté de son message. John Bramhall, évêque anglican de Londonderry, et plus tard archevêque d'Armagh et Primat d'Irlande[2], s'en inquiéta dès qu'il lut le *De Cive* en 1643, lorsqu'il ne circulait encore que dans des cercles très restreints, et aperçut dès ce moment, alors qu'elles ne pouvaient pourtant être comprises autrement que comme une défense de l'autorité royale contre ses adversaires parlementaires, à quel point ses thèses politiques pouvaient rapidement s'avérer labiles[3]. Bramhall lui-même avait alors déjà baptisé l'argumentation jusnaturaliste des premiers défenseurs de la prétention du Parlement à partager la souveraineté en Angleterre un « catéchisme rebelle »[4]. Lorsqu'il revint plus longuement à l'œuvre de Hobbes pour dénoncer la théologie et la politique du Léviathan dans *The Catching of Leviathan*, il réorienta assez explicitement ses attaques initialement dirigées contre Henry Parker sur Hobbes lui-même[5]. Le passage sur lequel il se fixa se trouve au chapitre XXI :

> L'obligation qu'ont les sujets envers le souverain est réputée durer aussi longtemps, et pas plus, que le pouvoir par lequel celui-ci est apte à la protéger. En effet, le droit qu'ont les hommes, par nature, de se protéger, lorsque personne d'autre ne peut le faire, est un droit qu'on ne peut abandonner par aucune convention[6].

La raison pour laquelle Hobbes en vient à cette conclusion est claire :

> La souveraineté est l'âme de la République : une fois séparée du corps, cette âme cesse d'imprimer son mouvement aux membres. La fin que vise la soumission, c'est la protection : cette protection, quel que soit l'endroit où

1. C. V. Wedgwood, *The Trial of Charles I,* London, Fontana, 1964; S. Kelsey, « The Trial of Charles I », *English Historical Review*, CXVIII, 2003, p. 583-616, en part. p. 585; « The Death of Charles I », *Historical Journal*, XLVI, 2002, p. 727-754, en part. p. 730; D. A. Orr, « The Juristic Foundations of Regicide », *in* J. Peacey (ed.), *The Regicides and the Execution of Charles I*, New York, Palgrave Macmillan, 2001, p. 117-137, en part. p. 126-128.

2. J. Bramhall, *The Works of the Most Reverend Father in God, John Bramhall, D.D. sometime Lord Archbishop of Armagh, Primate and Metropolitan of All Irelands,* éd. J. H. Parker, Oxford, 1842-1845, 5 t.

3. Voir J. Parkin, *Taming the Leviathan*, *op. cit.*, p. 37-50 ; J. Bramhall, *The Serpent-Salve*, *Works*, t. III, Oxford, 1844, p. 289-496.

4. J. Parkin, *Taming the Leviathan*, *op. cit.*, p. 37.

5. J. Bramhall, *The Catching of Leviathan*, *Works*, t. IV, Oxford, 1844, p. 555 : « Why should we not change the name of Leviathan into the Rebel's Catechism ? ».

6. Hobbes, *Léviathan*, *op. cit.*, XXI, p. 234.

> les hommes la voient résider, que ce soit dans leur propre épée ou dans celle d'autrui, c'est vers elle que la nature conduit leur soumission, c'est elle que par nature ils s'efforcent de faire durer. Et encore que la souveraineté, dans l'intention de ceux qui la fondent, soit immortelle, elle n'en est pas moins, non seulement sujette, par sa nature propre, à la mort violente du fait de la guerre étrangère, mais aussi habitée, dès son institution, du fait de l'ignorance et des passions des hommes, par de multiples germes de cette mortalité naturelle qu'apporte la discorde intestine (...) si un homme est détenu dans une prison ou par des liens et qu'on ne lui accorde pas la liberté physique sur parole, il ne saurait être considéré comme tenu à sujétion en vertu d'une convention : il lui est donc loisible, s'il le peut, de s'évader par n'importe quel moyen[1].

Bramhall était fondé à apercevoir dans cette pensée une robuste théorie de la résistance au titulaire du pouvoir dans le cas où ce pouvoir échoue à garantir la sécurité des sujets. Il était également fondé à entrevoir, non seulement à quel point elle se conciliait mal avec les tentatives de fondation conceptuelle du gouvernement par droit divin ou par héritage constitutionnel (comme Charles Ier y prétendait résolument), mais aussi à quel point elle contrariait les habitudes psychologiques sédimentées dans la culture politique du pays par ces justifications du pouvoir royal. Les ennemis irlandais de Bramhall virent en lui l'équivalent local de l'archevêque Laud[2], la figure ecclésiastique qui concentra sur lui les plus fortes inimitiés religieuses des sujets anglais et écossais du roi. Tout pouvoir souverain, sans qu'il soit besoin de la menace d'une guerre étrangère, est menacé de mort naturelle par les querelles intestines; les passions des hommes y jouent assurément un rôle, et sans doute aussi leur ignorance, même s'il est aussi difficile d'en juger aujourd'hui que du temps de Hobbes.

Si Hobbes accordait une grande importance à l'inscription de son ouvrage dans le programme des universités[3], il n'est pourtant pas

1. *Ibid.*

2. J. Bramhall, *Life of Archbishop Bramhall*, *Works*, t. I, Oxford, 1842, p. IV-XIII; *cf.* H. R. Trevor-Roper, *Archbishop Laud 1573-1645*, London, Macmillan, 1962 (2e éd.); J. Parkin, *Taming the Leviathan*, *op. cit.*, p. 37.

3. Hobbes, *Léviathan*, *op.cit.*, XVIII, p. 184 : « les actions des hommes procèdent de leurs opinions, et le bon gouvernement des hommes en vue de leur paix et de leur concorde repose sur le bon gouvernement de leurs opinions ». Cf. *ibid.*, XXX, p. 366 : « Il est donc clair que l'instruction du peuple dépend entièrement de la formation appropriée de la jeunesse des universités ». Voir l'édition de Noel Malcolm, éd. cit., p. 1140 : « Therefore I think it may be profitably printed, and more profitably taught in the Universities...For seeing the Universities are the Fountains of Civill, and Morall Doctrine, from whence the Preachers, and the Gentry, drawing such water as they find, use to sprinkle the same (both from the Pulpit, and in their

déraisonnable de considérer le *Léviathan* comme un catéchisme d'un usage quelque peu malaisé pour les membres d'une république; il n'est pas non plus difficile de comprendre pourquoi les souverains suivants ont hésité à s'en réclamer. Tout un chacun qui s'intéressait aux problèmes politiques dans l'Angleterre du XVIIe siècle avait l'habitude de les penser en termes de loyauté et d'allégeance personnelle. Être sujet correspondait à une relation et un lien personnels, et non à une catégorie juridique ou à un calcul prudentiel[1]. C'est précisément le caractère impersonnel de la conception hobbesienne de cette relation qui a le plus choqué ses lecteurs anglais, dont l'allégeance personnelle avait été soumise à rude épreuve au cours des onze années précédant la publication du *Léviathan*. Mais c'est aussi cette impersonnalité qui donne à cette nouvelle conception de l'État une puissance théorique et une profondeur jamais atteinte par aucun penseur précédent et assurément jamais surpassée depuis[2]. Hobbes apportait une nouvelle manière de penser qui s'est depuis lors largement répandue. Il proposait une manière de concevoir la sujétion politique qui lui donnait une raison d'être plus claire et radicale qu'aucune autre auparavant, et que la plupart de ceux qui l'ont suivie. En revanche, comme il a dû le reconnaître lui-même, il n'a pu l'immuniser contre les passions ou l'inconstance des êtres humains auxquels – et contre lesquels – elle était adressée. La souveraineté est constituée, selon Hobbes, par la renonciation de tous les droits auxquels un être humain peut renoncer et par la création d'un pouvoir auquel aucun être humain ne peut espérer résister. Le degré de cette puissance, et la futilité de toute velléité de résistance sont précisément l'objet de cette renonciation. Toute diminution de ce pouvoir et toute promesse d'efficacité dans la résistance mettent en péril la structure tout entière de la théorie, et virtuellement lui ôtent son sens. Il a toujours été

Conversation) upon the People, there ought certainly to be great care taken, to have it pure, both from the Venime of Heathen Politicians, and from the Incantation of Deceiving Spirits ». Ces lignes font écho à un jugement déjà exprimé dans l'Épître dédicatoire au *De Cive* : « A connaître la raison des actions humaines avec la même certitude que l'on connaît la raison des grandeurs dans les figures, l'ambition et l'avarice, dont la puissance repose sur les fausses opinions que le vulgaire se fait du droit et du tort, seraient désarmées et le genre humain jouirait d'une paix si constante qu'il n'y aurait, semble-t-il, plus jamais lieu de se battre (sinon pour des questions d'espace quand la population augmenterait) » (Thomas Hobbes, *Du citoyen*, trad. fr. Ph. Crignon, Paris, Flammarion, 2010, p. 77).

1. *Cf.* J. M. Wallace, *Destiny his Choice : the Loyalism of Andrew Marvell*, Cambridge, CUP, 1968; B. Worden, *The Rump Parliament 1648-1653*, Cambridge, CUP, 1974, p. 44-45, p. 66; *cf.* B. H. G. Wormald, *Clarendon : Politics, History, Religion*, Cambridge, CUP, 1964.

2. Q. Skinner, « A Genealogy of the Modern State », *Proceedings of the British Academy*, 162, 2009, p. 325-370.

évident aux yeux de ses lecteurs, et cela devait l'être à ceux de Hobbes, que ce degré de sujétion pouvait quelquefois s'avérer très dangereux pour les assujettis. Il a la plus grande peine à démontrer qu'elle ne saurait l'être, pour peu que la souveraineté soit exercée avec équité[1]. La théorie de l'État de Hobbes est celle d'une structure obligée à l'équité, tant sur le plan normatif que sur le plan prudentiel, et dès lors radicalement hostile à toute menace personnelle gratuite. Sa faiblesse, même en tant que théorie, est strictement politique – elle tient au fait que l'État n'est obligé à agir selon l'équité que par lui-même et ne peut par hypothèse y être contraint par un autre groupe d'individus, et encore moins par ses propres sujets. Sa théorie est résolument opposée à toute séparation des pouvoirs. Cela était pour Hobbes source d'un dilemme auquel nous sommes toujours confrontés. Comment un État peut-il avoir suffisamment de pouvoir et d'autonomie pour protéger ses sujets de toute menace interne, et ne pas en constituer une lui-même pour ses sujets, qui trouvent dans l'étendue de son pouvoir des raisons pressantes de le craindre et finalement de lui résister ? Comment, sauf par un heureux hasard historique, peut-il n'avoir pas trop, ou trop peu de pouvoir sur certains d'entre eux ? Je ne crois pas que Hobbes pouvait résoudre ce dilemme, mais je ne vois pas de raison de penser que nous le puissions davantage[2].

Pour John Bramhall, la théologie de Hobbes était clairement au moins aussi dérangeante que les conclusions politiques qu'il en tirait. Mais ses critiques politiques du *Léviathan* et du *De Cive* portaient sur ses implications subversives. Il se concentrait particulièrement sur l'insistance de Hobbes sur la prépondérance de la sécurité parmi les motivations de la fondation de la République[3]. Bramhall déplorait :

1. Hobbes, *Léviathan*, *op. cit.*, XXI, « De la liberté des sujets », et XXX, « De la fonction du représentant souverain », p. 367 : « c'est en cela en effet que consiste l'équité, à laquelle, attendu qu'elle est un précepte de la loi de nature, le souverain est aussi assujetti que le plus humble de ses sujets. Toute infraction à la loi est une offense à la République ; mais certaines de ces infractions atteignent aussi des personnes privées. Celles qui ne concernent que la République, on peut les pardonner sans enfreindre l'équité car chacun peut, comme il le juge bon, pardonner le mal qu'on lui a fait. Mais une offense faite à un particulier ne saurait, en équité, être pardonnée, sans l'accord de celui à qui il a été fait du tort, ou sans une réparation raisonnable ».

2. Voir B. Williams, « Realism and Moralism in Political Theory », *In the Beginning Was the Deed*, Princeton, PUP, 2005, p. 1-17 ; P. Sagar, « The State without Sovereignty : Authority and Obligation in Hume's Political Philosophy », *History of Political Thought*, 37, 2016, p. 271-305.

3. J. Bramhall, *Works*, t. IV, *op. cit.* ; voir Th. Hobbes, *De Cive : English Version*, éd. H. Warrender, Oxford, Clarendon Press, 1983, p. 93.

> la sécurité est le but en vue duquel les hommes se font sujets d'un autre ; faute d'en bénéficier, on ne saurait comprendre qu'aucun homme se soumette à d'autres, ou renonce à défendre son droit comme il l'entend ; on ne saurait comprendre non plus qu'il s'oblige à quoi que ce soit, ou qu'il abandonne son droit sur toutes choses avant que sa propre sécurité ne soit garantie. (...) Je laisse au lecteur le soin de tirer les tristes conséquences qui découlent de ce paradoxe, et de juger de la voie ainsi ouverte à la sédition et à la rébellion (...).
> La question de savoir si la sécurité des sujets est suffisamment garantie doit ou bien être laissée au jugement du souverain, – et alors « toute condamnation qu'un homme porterait contre lui-même est vaine », ou bien à la discrétion de son sujet (les mots ont ici une grande importance), et alors il n'est besoin d'aucun autre soufflet pour allumer le feu de la guerre civile, et pour vouer tout un pays à l'incendie, que cet article séditieux [1].

Et bien qu'il refuse en paroles le droit de résistance au souverain, poursuit Bramhall, « il l'admet bel et bien en fait » [2].

> « Nul n'est obligé par des pactes qu'il aurait conclus à ne pas résister à celui qui lui infligerait la mort, des blessures ou un autre dommage physique » (suivant ce précepte, l'élève, s'il en est capable, peut prendre la verge des mains de son maître, et l'en fouetter). Il s'ensuit : « comme nul n'est donc tenu à l'impossible, ceux à qui on veut infliger la mort, des blessures ou d'autres dommages physiques et qui ne sont pas assez résistants pour les supporter, ne sont pas obligés de les subir » [3].

Et plus complètement :

> « au cas où un grand nombre d'hommes ont ensemble injustement résisté au pouvoir souverain, ou commis quelque crime capital pour lequel chacun d'entre eux s'attend à être mis à mort, n'ont-ils pas la liberté alors, de se réunir et de se prêter l'un à l'autre défense et assistance ? Ils l'ont certainement : car ils ne font que défendre leurs vies, ce que le coupable peut faire aussi bien que l'innocent. Il y avait injustice, en vérité, dans la manière dont ils ont initialement enfreint leur devoir : mais leur recours aux armes à la suite de cette infraction, même s'il tend à maintenir ce qu'ils ont fait, n'est pas une nouvelle action injuste » [4].

1. J. Bramhall, *Works*, t. IV, *op. cit.*, p. 554.
2. *Ibid.*, p. 555 ; *cf.* Hobbes, *De Cive : English Version*, *op. cit.*, chap. II, xviii, p. 58.
3. J. Bramhall, *Works*, t. IV, *op. cit.*, p. 555 ; *cf.* Hobbes, *De Cive : English Version*, *op. cit.*, chap. II, xviii, p. 58.
4. J. Bramhall, *Works*, t. IV, *op. cit.*, p. 555 ; *cf.* Hobbes, *Leviathan*, éd. Malcolm cit., XXI, p. 340.

Bramhall poursuivait en citant le chapitre XXIX du *Léviathan* :

> quand dans une guerre étrangère ou intestine l'ennemi remporte la victoire finale, de telle façon que, les forces de la République ne tenant plus la campagne, les sujets n'ont plus de protection à attendre de leur loyalisme, la République est alors DISSOUTE, et chacun est libre de se protéger par toutes les voies que son propre discernement lui suggérera [1].

Cette perspective hobbesienne consternait Bramhall : « là ou prévalent ces principes, adieu à l'honneur, à l'honnêteté, à la fidélité et à la loyauté ; tout doit céder la place à l'intérêt égoïste » [2]. Il était sans doute trop bouleversé et troublé pour donner une forme claire et cohérente à ses objections ; quant à la prépondérance de l'intérêt égoïste dans la structure de la théorie hobbesienne, elle ne donne plus matière aujourd'hui à une critique importante ; mais l'intuition de Bramhall que le *Léviathan*, comme le *De Cive*, se rend vulnérable de deux côtés opposés, avait quelque justesse. Si le droit de résister relève de la discrétion de chaque sujet jugeant de sa propre sécurité, il n'est pas déraisonnable, même si cela n'apparaît guère plausible à première vue, de voir en Hobbes un héraut de la rébellion [3]. À l'inverse, si le degré de leur sécurité et les conditions de s'en assurer relèvent, parce que les sujets lui en ont donné le pouvoir, du seul jugement de leur souverain, et si nul n'est fondé à contester cette appréciation par le souverain de la sécurité de tout un chacun, l'espace pour une rébellion comme processus cumulatif est en fait virtuellement éliminé. Ce n'étaient pas, bien sûr, les conséquences de cette seconde lecture qui consternaient Bramhall – même si elles apparaissent tragiques, si on les rapporte à la Syrie d'aujourd'hui.

L'analyse récente la plus complète et attentive de la manière dont Hobbes conçoit la relation entre le droit de commander du souverain et le devoir du sujet d'obéir, l'ouvrage de Suzanne Sreedhar, *Hobbes on Resistance* [4], concilie le concept d'un droit à la rébellion qui ne peut être abandonné, avec l'idée que les êtres humains peuvent, et selon les arguments de Hobbes, doivent abandonner leurs droits pour établir la souveraineté et la

1. J. Bramhall, *Works*, t. IV, *op. cit.*, p. 557 ; *cf.* Hobbes, *Leviathan*, éd. Malcolm cit., XXIX, p. 518.

2. J. Bramhall, *Works*, t. IV, *op. cit.*, p. 558. *Cf.* J. Collins, *The Allegiance of Thomas Hobbes*, Oxford, Clarendon Press, 2007 ; J. Parkin, *Taming the Leviathan*, *op. cit.* Dans une perspective plus analytique, voir K. Hoekstra, « *The de facto* turn in Hobbes's Political Philosophy », *in* T. Sorell, L. Foisneau (eds), *Leviathan after 350 Years*, Oxford, Clarendon Press, 2004, p. 33-73.

3. J. Bramhall, *Works*, t. IV, *op. cit.*, p. 555-556. Voir J. Hampton, *Hobbes and the Social Contract Tradition*, Cambridge, CUP, 1986, p. 199-207.

4. S. Sreedhar, *Hobbes on Resistance : Defying the Leviathan*, Cambridge, CUP, 2010.

maintenir au fil du temps. Le droit conservé est le droit qui motive initialement le contrat, le droit à la protection. Un tel droit ne peut être abandonné par contrat dès lors que la sécurité est la raison d'être de l'établissement du contrat lui-même. Ce n'est dès lors pas un droit que le souverain est fondé à bafouer ou à ignorer, dès lors que la sécurité de ses sujets est ce qui l'autorise à exiger leur obéissance. Ce droit ne peut être aboli ou outrepassé par le souverain que dans les cas où il jugerait que le respecter et le garantir contredirait le but dans lequel la souveraineté a été créée et autorisée, à savoir l'assurance de la sécurité de tous les sujets qui l'ont autorisé dans le but de la voir garantir. La relation entre protection et obéissance est réciproque et elle doit être inviolablement respectée. La protection, comme Hobbes l'avait déjà reconnu dans le *De Cive*, ne peut jamais être complète[1]; mais elle peut, et elle doit être suffisante pour permettre aux sujets de vivre en sûreté et sans motif de crainte vis-à-vis d'un autre sujet auquel ils s'empêchent eux-mêmes de porter préjudice[2]. Elle est garantie et assurée par la punition, l'Épée de la Justice[3]. Le droit d'user de cette épée est le droit fondamental du Souverain, et il lui est loisible d'en user à sa discrétion, de manière à obliger les sujets à faire tout ce qu'il souhaite : « on ne saurait imaginer un plus grand pouvoir que celui-là »[4]. Seul le souverain peut juger de la justesse de son usage[5]. Le droit de punir, comme Yves Charles Zarka l'a montré il y a longtemps, en dépit de sa centralité dans la théorie de Hobbes, lui a posé problème tout au long de son développement[6]. Parce qu'il s'agit d'un droit d'infliger une extrême souffrance à d'autres êtres humains, il ne peut avoir été cédé par les sujets lors de l'établissement du souverain, dans la mesure où ils ne l'ont jamais possédé. Le souverain le détient uniquement parce qu'il a seul conservé le droit de nature une fois établie la République. Lui seul est habilité à juger comment l'exercer. Toute remise en cause de l'exclusivité de cette habilitation réintroduirait subrepticement l'état de nature. Entre le souverain et Dieu, le droit de punir du souverain est restreint par la loi naturelle, c'est-à-dire les exigences de l'équité; mais nul sujet ne peut s'estimer victime d'une rupture de l'équité de la part du souverain, parce qu'aucun sujet ne dispose

1. Hobbes, *De Cive : Latin Version*, *op. cit.*, VI, 3, p. 138.
2. *Ibid.*
3. *Ibid.*, VI, 5, p. 138.
4. Hobbes, *Du citoyen*, *op. cit.*, p. 170.
5. *Id.*, *De Cive : Latin Version*, *op. cit.*, VI, 8, p. 139.
6. Y. C. Zarka, *Hobbes et la pensée politique moderne*, Paris, P.U.F., 1995, chap. X, p. 228-250.

du droit de juger l'exercice par le souverain du droit de punir[1]. Les sujets conservent le droit de faire tout ce qui est en leur pouvoir pour échapper aux dommages physiques qui peuvent leur être infligés par le souverain, et ils ne sont nullement obligés d'obéir à des ordres du souverain auxquels l'obéissance impliquerait un tel déshonneur ou un tel préjudice que leurs vies ne vaudraient plus la peine d'être vécues[2]. Mais nul sujet n'a le droit d'en aider d'autres à résister à la décision du souverain de les punir. Il est difficile de voir un catéchisme de la rébellion dans de telles perspectives, mais il est bien sûr tout aussi difficile d'y voir la défense d'une allégeance ou d'une loyauté sans faille à l'égard du souverain.

Suzanne Sreedhar reconnaît bien sûr que Hobbes était farouchement opposé à la rébellion, et particulièrement à la rébellion contre Charles Ier, mais elle distingue entre les rébellions qui ont pour but exclusif la protection des rebelles, que Hobbes, selon elle, devrait être conduit à approuver ou au moins à accepter, et ce qu'elle appelle les rébellions idéologiques, fondées sur des prétentions ou des principes qui contestent la légitimité de l'autorité du souverain, lesquels portent les germes de sa mort naturelle[3], dès lors qu'ils sont semés dans l'ignorance et les passions des hommes. Il n'est cependant pas certain que cette distinction soit véritablement soutenable, qu'il s'agisse de l'interprétation de la pensée de Hobbes ou de la réalité de la politique[4].

La rébellion est la punition naturelle d'une souveraineté qui échoue à assurer la protection, et sans doute plus encore celle d'une souveraineté qui menace activement les vies des rebelles avant qu'ils ne choisissent la rébellion[5]. Certes, Hobbes ne croyait certainement pas que les vies de

1. Hobbes, *De Cive : Latin Version*, *op. cit.*, VI, 13, p. 142-43.

2. *Ibid. Cf.* les explications substantielles que donne Hobbes des raisons pour lesquelles les hommes choisissent de vivre dans des Républiques : *Elements of Law*, éd. F. Tönnies, London, Frank Cass, 1969, chap. XVII, 1, p. 88 ; *id.*, *De Cive : Latin Version*, *op. cit.*, VI, 13, p. 142-43 ; *Léviathan*, *op.cit.*, XIV, p. 132 : « le motif et la fin qui donnent lieu au fait de renoncer à un droit et de le transmettre n'est rien d'autre que la sécurité de la personne du bailleur, tant pour ce qui regarde sa vie que pour ce qui est des moyens de la conserver dans des conditions qui ne la rendent pas pénible à supporter. » Et *ibid.*, XVII, p. 173 : « La cause finale, le but, le dessein que poursuivirent les hommes, eux qui par nature aiment la liberté et l'empire exercé sur autrui, lorsqu'ils se sont imposé ces restrictions au sein desquelles on les voit vivre dans les Républiques, c'est le souci de pourvoir à leur préservation et de vivre plus heureusement par ce moyen ».

3. S. Sreedhar, *Hobbes on Resistance*, *op. cit.*, p. 143-149.

4. Voir D. Baumgold, *Hobbes's Political Theory*, Cambridge, CUP, 1988, p. 74 et *passim*.

5. Hobbes, *Leviathan*, éd. Malcolm cit., XXXI, p. 572.

quelques sujets anglais fussent directement menacées par Charles Ier au moment où débuta la Grande Rébellion. Mais une fois qu'elle a commencé, comme il l'énonce clairement au chapitre XXI du *Léviathan*, cette structure claire se brouille dangereusement.

> Nul n'a la liberté de résister au glaive de la République pour secourir un autre homme, coupable ou innocent, car une telle liberté retire au souverain le moyen de nous défendre, et détruit par conséquent l'essence même du gouvernement. Mais au cas où déjà un grand nombre d'hommes ont ensemble injustement résisté au pouvoir souverain, ou commis quelque crime capital pour lequel chacun d'entre eux s'attend à être mis à mort, n'ont-ils pas la liberté, alors, de se réunir et de se prêter l'un à l'autre défense et assistance? ils l'ont certainement : car ils ne font que défendre leurs vies, ce que le coupable peut faire aussi bien que l'innocent. Il y avait injustice, en vérité, dans la manière dont ils ont initialement enfreint leur devoir : mais leur recours aux armes à la suite de cette infraction, même s'il tend à maintenir ce qu'ils ont fait, n'est pas une nouvelle action injuste [1].

Au chapitre XXXI du *Léviathan*, « De la royauté naturelle de Dieu », Hobbes établit une liste de châtiments naturels :

> l'intempérance en vient à être naturellement châtiée par des maladies; l'imprudence, par de fâcheux accidents; l'injustice, par la violence des ennemis; l'orgueil, par la ruine; la lâcheté, par l'oppression; le gouvernement négligent des princes, par la rébellion; la rébellion, par le massacre. En effet, étant donné que les châtiments font suite à la violation des lois, des châtiments naturels doivent faire naturellement suite à la violation des lois de nature, et donc les suivre comme leurs effets non pas artificiels, mais naturels [2].

Les princes qui gouvernent négligemment doivent craindre la rébellion, et on peut lire ces lignes comme si Hobbes trouvait cela juste, et non pas seulement prévisible. Mais les rebelles, de même, devraient craindre le massacre; et il n'y a pas de raison de penser qu'il trouvait cela moins juste ou moins prévisible. L'injustice engendre la violence des ennemis, autant chez le Prince que chez les sujets, mais à l'époque de la rédaction du *Léviathan* Hobbes considérait que les sujets avaient autorisé leur prince à juger de ce qui est juste à leur égard, en même temps qu'ils avaient cédé leur droit de juger par eux-mêmes de ses motifs, et des

1. Hobbes, *Léviathan*, *op. cit.*, XXI, p. 231-232.
2. *Ibid.*, XXXI, p. 392.

justifications qu'il en donne. Tel est le prix de la souveraineté et le degré de protection qu'elle peut seule assurer.

Hobbes donne une présentation riche de la manière dont les souverains peuvent se conduire au mieux, pour observer les lois de nature et tirer profit de l'obéissance et de l'attachement de leurs sujets [1]. On ne saurait raisonnablement la lire comme un blanc-seing pour un gouvernement délibérément mauvais. Mais il est également difficile d'y voir un blanc-seing pour les premiers stades d'une rébellion qui n'aurait pas eu pour origine l'effort de nombreux sujets directement et simultanément menacés de mort ou de préjudices physiques importants. La plupart des rébellions qui se prolongent réalisent bien assez tôt cette condition, mais pour justifier l'éclatement de la rébellion, c'est-à-dire un retour délibéré à l'état de nature, il faut que l'état de nature soit *de facto* déjà rétabli, et ce non pas seulement pour une seule personne ou une seule famille [2].

On peut certes trouver des phrases occasionnelles de Hobbes, dans l'un ou l'autre ouvrage, qui suggèrent une gamme bien plus large de fondements sur lesquels les sujets pourraient prétendre rejeter l'action du souverain et juger qu'il ne mérite pas qu'on lui obéisse plus longtemps : par exemple, dans un contexte moderne, pourrait-on considérer ainsi des politiques économiques considérées comme néfastes, étant données leurs conséquences pour les chances de vie de la population, comme il y en a récemment eu pléthore. Mais ce ne sont que des passages épars dans des ouvrages longuement et soigneusement conçus, et aucun ne fournit une formulation suffisamment nette pour justifier, le jugement du souverain étant sans erreur possible jugé fautif, le retour du droit de juger à chaque sujet affecté. Pour Hobbes, la domination, « Dominion », est une relation sévère autant qu'un besoin humain fondamental. Nous la requérons si nous voulons être aussi en sécurité dans nos relations avec les autres que nous pouvons l'être; et elle requiert le transfert de notre jugement sur des matières et des problèmes à propos desquels nous sommes souvent réticents à l'abandonner. La rébellion est une punition naturelle pour les souverains inefficaces ou mauvais, dont il y a toujours eu de nombreux exemples; mais elle reçoit elle aussi sa punition naturelle, le massacre. Parce que la rébellion effective doit être un processus profondément communicatif, par lequel une population menacée se sent solidaire et

1. *Ibid.*, XXIX et XXX.

2. *Cf.* Hobbes, *De Cive : Latin Version*, *op. cit.*, VI, 13, p. 142-43.

fortifiée[1] – on pourrait dire parce qu'elle doit être un processus *politiquement* intense – Hobbes est profondément hostile à la diffusion des idéologies qui la favorisent.

Tout ceci rend l'appréciation par Hobbes des mérites politiques de la rébellion moins déconcertante aujourd'hui qu'elle ne l'était pour Bramhall. Hobbes n'était pas un admirateur du gouvernement de la force ou de l'oppression. Il considérait tout souverain comme responsable devant la loi de nature – même s'il n'est guère, en pratique, contenu par elle. Mais il n'était pas un apologiste de la rébellion, ou un partisan d'une intervention humanitaire[2] et n'aurait pu admettre une responsabilité extérieure de protéger. Le gouvernement négligent des princes est toujours aussi souvent puni par la rébellion ; mais bien trop de rébellions – à la différence du petit nombre d'entre elles qui dispose d'enthousiastes soutiens étrangers, voire de sponsors – échouent; et la probabilité pour elles d'être punies de massacre est toujours aussi grande. Hobbes n'aurait pas été surpris par notre inefficacité cosmopolite, ni par ses conséquences dévastatrices.

Traduit par Didier MINEUR
(Sciences Po Rennes & Université de Paris)

1. *Cf.* B. Moore Jr, *Injustice : the Social Bases of Obedience and Revolt*, White Plains (NY), M. E. Sharpe, 1978.

2. Voir A. J. Kuperman, « Transnational Causes of Genocide : Or How the West Inadvertently Exacerbates Ethnic Conflict », *in* R. G. C. Thomas (ed.), *Yugoslavia Unraveled : Sovereignty, Self-Determination, Intervention*, Lanham (Maryland), Lexington, 2003 ; *id.*, « The Moral Hazard of Humanitarian Intervention : Lessons from the Balkans », *International Studies Quarterly*, 52, 2008, p. 49-80.

LE DROIT DE PUNIR ET LA PRATIQUE DU POUVOIR CHEZ HOBBES

Liang PANG *

Le droit de punir fait partie, chez Hobbes, des droits inaliénables et inséparables de la souveraineté, c'est-à-dire l'ensemble des droits sans lesquels la souveraineté s'auto-détruit, donc sans lesquels l'État ne peut exister. Dans ce texte, nous examinerons d'abord la notion autour de laquelle le droit de punir s'articule précisément aux autres droits de la souveraineté.

En principe, le droit de punir a la même origine que la souveraineté, c'est-à-dire une convention sociale. Or, entre le principe du droit de punir, qui est celui d'infliger un mal à des individus, et le fait que la convention sociale a pour objet de maintenir la vie des individus associés, n'y a-t-il pas contradiction ? Cette contradiction se double d'une autre perspective sur la pratique du pouvoir. Dans le chapitre XXX du *Léviathan*, Hobbes définit ce que l'on pourrait appeler une bonne pratique du pouvoir souverain, dont le principe fondamental est le salut du peuple ou la sûreté du peuple (*the safety of the people*)[1]. Au sujet du droit de punir, la bonne pratique réside dans la modération, voire dans la clémence concernant l'usage du châtiment. N'y a-t-il pas, cette fois, une contradiction entre le fait que le souverain doit pratiquer son pouvoir en vue du bien commun (c'est-à-dire

* Université de Pékin (Research Center for Chinese Politics).

1. Th. Hobbes, *Léviathan*, version anglaise, éd. E. Curley, Indianapolis-Cambridge, Hackett Publishing, 1994, XXX, p. 219 ; version française, trad. fr. F. Tricaud, Paris, Dalloz, 1999, chap. XXX, p. 357.

qu'il ne peut être juste quoi qu'il fasse) et le fait que le droit de punir est un droit inaliénable de la souveraineté absolue (par exemple, le souverain châtie ses sujets selon son propre jugement) ?

Si ces contradictions ne sont pas surmontées, le châtiment perd ses fondements juridiques et politiques, et l'État-souverain chancelle. Nous allons montrer quelles sont les difficultés inhérentes aux définitions du châtiment et du droit de punir, et quelles en sont les résolutions possibles dans la pratique du pouvoir chez Hobbes [1].

SOUVERAINETÉ ET DROIT DE PUNIR

Le chapitre XVIII du *Léviathan* est consacré aux douze droits des souverains d'institution, qui s'appliquent également aux dominations d'acquisition [2]. Parmi ces droits inaliénables et inséparables qui constituent l'essence de la souveraineté, le droit de punir occupe une place éminente. Tout d'abord, dans le premier droit, Hobbes écrit :

> Si celui qui tente de déposer le souverain est, à la suite de cette tentative, tué ou puni par celui-ci, il est l'auteur de son propre châtiment, puisqu'il est, en vertu de l'institution, auteur de tout ce que peut faire le souverain : et puisqu'il y a injustice pour un homme à faire ce pour quoi il peut être châtié de sa propre autorité, il est injuste à ce titre également [3].

On voit donc que le droit de punir est indispensable à la stabilité de la forme du gouvernement et à la sécurité du souverain. Le souverain peut châtier celui qui veut une rébellion ou un changement de gouvernement, car selon la théorie de l'autorisation, il est l'auteur de son propre châtiment, c'est-à-dire qu'il autorise le châtiment sur lui-même; cependant, cela est contre la raison et injuste. Ainsi, un sujet ne peut ni changer le gouvernement ni déposer un souverain en espérant que ce dernier ne puisse le châtier; il commet l'injustice s'il est puni à cause de sa rébellion. Le châtiment peut donc contraindre l'intention publique ou l'acte de changer

1. Des penseurs comme Locke et Hegel ont répondu à ces difficultés présentes chez Hobbes en changeant tout son système politico-philosophique. *Cf.* Y. C. Zarka, « Du droit de punir », dans *Hobbes et la pensée politique moderne*, Paris, P.U.F., 2012, p. 239-242. Or, dans ce texte, nous tentons de trouver une solution au sein de la théorie de Hobbes en suivant sa propre logique.

2. Hobbes, *Léviathan*, *op. cit.*, XVIII, p. 179; XX, p. 208.

3. *Ibid.*, XVIII, p. 180.

le gouvernement. De cette façon, le droit de punir contribue à maintenir la souveraineté, car sans lui, celle-ci risque d'être détruite.

Par ailleurs, selon le huitième droit, le souverain a le droit de rendre justice et de décider de l'issue des litiges entre les sujets[1]. Ce droit est un droit essentiel de la souveraineté, étant donné que sans la décision de l'autorité publique, chaque individu doit juger par lui-même ce qui est juste, et cela réfère à l'état de nature, où chacun est son propre juge, au lieu de l'État politique. De plus, sans ce droit, chaque sujet n'est plus protégé par le pouvoir public contre les torts subis. Dans ce cas, chacun se protège avec sa force personnelle selon son propre jugement. Les sujets sont en fait dans un état de guerre allant à l'encontre de la préservation des individus et s'opposant au but de la constitution de l'État souverain. Or, ce droit est garanti par le droit de punir, car sans lui, la justice exercée par le souverain reste une simple parole. Le souverain protège ses sujets en châtiant ceux qui transgressent la loi. Il est donc nécessaire de posséder le droit de punir afin d'assurer la justice, la paix et l'existence de l'État.

En outre, le onzième droit concerne directement le châtiment :

> Est confié au souverain le pouvoir de récompenser par des richesses ou des honneurs, ou de châtier par un châtiment corporel, pécuniaire ou infâmant, tout sujet, selon la loi qu'il a préalablement promulguée; ou bien, s'il n'y a pas eu de loi promulguée, selon ce qu'il jugera le plus propre à encourager les gens à servir la République ou à les détourner de la desservir[2].

Ici, le droit de punir est considéré comme un des droits inaliénables de la souveraineté. Le souverain punit un sujet coupable selon la loi préalable, qui représente sa volonté. S'il n'y a pas de loi préalable, il donne le châtiment le plus approprié selon son jugement pour que les gens soient mieux disposés à obéir.

Nous venons de voir quelle est la relation entre souveraineté et droit de punir : dans le corps politique, le châtiment est le nerf et le tendon qui meut les membres et les articulations[3]; il est l'épée dans la main du souverain, afin de sauvegarder l'existence de l'État et la forme du gouvernement. Le droit de punir n'existe que dans l'État politique, où il n'appartient qu'au souverain. Il constitue donc un droit inaliénable de la souveraineté.

1. *Ibid.*, p. 186.
2. *Ibid.*, p. 187.
3. *Ibid.*, introduction, p. 5; XXVIII, p. 340.

La définition du châtiment et le droit de punir

La définition

Nous avons vu que le droit de punir était un droit inaliénable de la souveraineté et de l'État. Cependant, ce droit ne peut se comprendre sans une définition du châtiment.

> Un châtiment est un mal infligé de par l'autorité publique à celui qui a accompli (ou omis) une action que cette autorité juge être une transgression de la loi, afin que la volonté des hommes soit par là d'autant mieux disposée à l'obéissance[1].

À partir de cette définition, Hobbes procède à onze inférences pour préciser les attributs du châtiment[2].

1) Un châtiment est toujours lié à une transgression de la loi civile, c'est-à-dire à un crime. Hobbes distingue le crime de la faute[3]. Si la seconde concerne l'intention de transgresser la loi, le premier est l'acte ou la parole qui transgresse la loi. Et « tout crime est une faute; mais toute faute n'est pas un crime »[4]. La faute est une transgression de la loi de nature, alors que le crime est une transgression de la loi civile. Étant donné que les juges humains ne peuvent juger que les actes selon la loi civile, l'intention seule et l'acte qui transgresse la loi sans intention ne sont pas des crimes, et ne peuvent donc pas être châtiés par le souverain. L'objet du châtiment est uniquement l'acte ou la parole qui transgressent la loi civile intentionnellement.

2) Une autre condition essentielle du châtiment est la notification claire et publique de la loi civile. Le châtiment vise à la transgression de la loi; sans loi, il n'y a pas de transgression. Par conséquent, « le mal infligé à cause d'un acte accompli avant qu'il n'existe une loi pour l'interdire n'est pas un châtiment, mais un acte d'hostilité »[5]. Hobbes ajoute que, « si la loi civile de votre pays n'est pas notifiée d'une manière suffisamment adé-

1. Hobbes, *Léviathan*, *op. cit.*, XXVIII, p. 331.

2. Hobbes mentionne onze points sur le châtiment dans le *Léviathan*. Nous faisons ici une conclusion et une démonstration en sept points.

3. *Cf.* D. Hüning, « Hobbes on the right to punish », *in* P. Springborg (ed.), *The Cambridge Companion to Hobbes's Leviathan*, Cambridge, CUP, 2007, p. 217-222.

4. Hobbes, *Léviathan*, *op. cit.*, XXVII, p. 313.

5. *Ibid.*, XXVIII, p. 334.

quate pour que vous puissiez la connaître si vous le voulez, et que l'acte accompli ne soit pas contraire à la loi de nature, l'ignorance est une excuse valable »[1]. Autrement dit, sans une loi suffisamment notifiée par le souverain, ce serait un bon prétexte pour échapper au châtiment.

3) Le châtiment est un mal infligé par l'autorité publique, c'est-à-dire par le souverain. Le châtiment se distingue donc des vengeances privées et des torts commis par les personnes privées. Des gens qui possèdent un pouvoir usurpé ou des juges non autorisés par le souverain ne possèdent pas l'autorité publique, et le mal infligé par eux n'est donc qu'un acte hostile. En outre, pour que le mal soit infligé par l'autorité publique, il faut qu'il y ait une condamnation publique préalable. Autrement dit, « l'action pour laquelle on est châtié doit d'abord avoir été jugée, de par l'autorité publique, constituer une transgression de la loi »[2]. Sans quoi le mal infligé n'est qu'un acte hostile.

4) Le but du châtiment est de « disposer le délinquant, ou, par son exemple, d'autres hommes, à obéir aux lois »[3]. Le châtiment ne consiste ni à tuer ni à torturer sans chercher à susciter une meilleure obéissance. En ce qui concerne la temporalité, il vise fondamentalement au bien commun dans l'avenir au lieu du crime dans le passé[4]. Sans ce but, le mal infligé n'est qu'un acte hostile. Or, l'intention du souverain ne peut être reconnue que par lui-même. Il semble que dans l'État civil, le souverain soit le seul à pouvoir définir un châtiment.

5) Il faut que le souverain mesure attentivement la sévérité du châtiment. Le mal infligé ne peut être inférieur à l'avantage ou à la satisfaction du crime commis, sinon, il serait la rançon du crime qui le motive. De plus, le ressenti du mal infligé est, d'une certaine manière, subjectif, donc le châtiment doit être suffisamment marquant pour que le criminel éprouve de la souffrance et n'ose commettre à nouveau le même crime. Cependant, le châtiment ne peut être non plus trop sévère : « si un châtiment est fixé et prescrit dans la loi même, et qu'une fois le crime commis on inflige un châtiment plus sévère, ce qui vient en sus n'est pas un

1. *Ibid.*, XXVII, p. 315.
2. *Ibid.*, XXVIII, p. 332-333.
3. *Ibid.*, p. 333.
4. *Cf.* D. Hüning, « Hobbes on the right to punish », art. cit., p. 228 ; C. Béal, « Hobbes et le droit pénal », dans J. Berthier *et al.* (dir), *Lectures de Hobbes*, Paris, Ellipses, 2013, p. 339-340 ; M. A. Cattaneo, « Hobbes's theory of punishment », *in* K. C. Brown (ed.), *Hobbes Studies*, Cambridge (Mass), Harvard UP, 1965, p. 279.

châtiment, mais un acte d'hostilité »[1]. Le souverain a donc besoin d'une bonne connaissance de la science politique pour trouver un équilibre entre sévérité et légèreté du châtiment.

6) Le souverain ne peut châtier les sujets innocents, puisqu'il n'y a pas transgression de la loi. Le châtiment d'un innocent, qu'il soit lourd ou léger, est contre la loi de nature : premièrement, ce type de châtiment n'apporte aucun bien à l'État; deuxièmement, la loi de nature interdit l'ingratitude; troisièmement, elle ordonne l'équité, c'est-à-dire, une égale distribution de la justice.

7) Un mal infligé au représentant de la République n'est pas un châtiment, mais un acte hostile. Celui qui commet le crime le plus grand, c'est-à-dire la rébellion ou la déposition du souverain, ne peut être excusé; il doit être jugé par le souverain comme un ennemi. Le mal infligé sur un ennemi n'est pas un châtiment, mais un acte d'hostilité, car, soit cet ennemi n'a jamais été assujetti à la loi civile, soit il a nié toute la loi. Il reste, en fait, en dehors de la légitimité civile. Le conflit entre souverain et ennemi est, par essence, une guerre. Par conséquent, le châtiment ne s'applique plus à un ennemi; tous les maux infligés par le souverain sont légitimes[2].

De la définition et de ces inférences, on constate que le vrai châtiment n'existe que lorsque toutes les conditions décrites ci-dessus sont satisfaites (l'autorité publique, la condamnation publique, la loi civile bien notifiée, l'équilibre du châtiment, etc.). À défaut, le châtiment n'est pas autre chose qu'un acte d'hostilité. Le souverain, dans la pratique du châtiment, doit posséder une bonne connaissance de la science politique et exercer un bon art de gouverner.

De plus, il y a toujours une opposition entre personne publique et personne naturelle chez le souverain[3]. Le châtiment dépend de l'autorité publique et de l'intention de susciter une meilleure obéissance. Se posent donc les questions suivantes : comment distinguer un vrai châtiment d'un

1. Hobbes, *Léviathan*, *op. cit.*, XXVIII, p. 333-334.

2. En fait, « le crime le plus grand » est plutôt un acte d'hostilité qu'un crime, parce que cet acte est contre toute la loi civile. Celui qui le commet ne veut plus se soumettre au système politique actuel et revient à l'état de nature. En ce sens, il n'est pas un vrai criminel mais un ennemi.

3. Dans le livre *Zì Rán Shè Huì* (*La société naturelle*) de Meng Li, ouvrage de référence en Chine sur la pensée occidentale, l'auteur montre que cette opposition entre personne publique et personne naturelle n'est pas seulement une difficulté de la théorie du châtiment, c'est aussi celle de l'État moderne de Hobbes. *Cf.* M. Li, *Zì Rán Shè Huì*, Pékin, SDX Joint Publishing Company, 2015, p. 417-418.

acte hostile ou d'une vengeance privée du souverain? Comment le souverain peut-il infliger un mal avec une juste intention? Comment le souverain peut-il juger un sujet comme ennemi sans abuser de sa position? Ayant des passions naturelles ou ignorant la loi de nature, le souverain ne peut aisément exercer convenablement son pouvoir. Seule sa propre conscience le guide pour distinguer la personne publique de la personne naturelle.

À cela s'ajoute une autre difficulté dans l'exercice du châtiment. Selon l'anthropologie de Hobbes, un sujet puni en tant qu'être rationnel, sans pour autant être dénué de passions et de désirs, ne peut accepter le châtiment sans hostilité, puisqu'il éprouve de la souffrance. Cela est d'autant plus vrai dans le cas d'un condamné à mort. Celui qui commet un acte hostile envers la souveraineté est en fait un ennemi, et le mal infligé en réponse par le souverain est, lui aussi, un acte hostile. Dans ce cas, le châtiment se transforme aussitôt en acte hostile. Même une simple intention hostile indique un acte potentiel; le châtiment ne sert donc pas à une meilleure obéissance. Si ces difficultés du châtiment n'étaient pas résolues, la vie juridique et politique deviendrait belliqueuse; comme le droit de punir est un droit inaliénable de la souveraineté, celle-ci risquerait d'être détruite[1]. La théorie du châtiment a donc besoin d'un fondement stable et solide pour exister: Hobbes distingue le châtiment de l'acte d'hostilité, mais il ne semble pas indiquer comment traiter l'hostilité provoquée par le châtiment. Celui-ci serait totalement remplacé par l'hostilité et n'existerait plus en son sens propre.

Mais, laissons cette question de côté pour le moment, afin d'aborder la question du droit de punir, c'est-à-dire le fondement juridique du châtiment.

1. Nous pouvons cerner les différences dans la compréhension de la vie politique entre Hobbes et Schmitt. Pour le premier, la vie politique ne permet que le crime et le criminel, et il s'évertue à ne pas les transformer l'un en guerre, l'autre en ennemi. Au contraire, pour Schmitt, le politique se trouve essentiellement dans la distinction entre ami et ennemi. Voir C. Schmitt, *La notion de politique & Théorie du partisan*, trad. fr. M.-L. Steinhauser, Paris, Flammarion, 1992, p. 63-75.

Le droit de punir

Au début du chapitre XXVIII du *Léviathan*, Hobbes pose la question suivante à propos du droit de punir : « par quelle porte s'introduisent le droit, l'autorité, qui habilitent, dans quelque cas que ce soit, à châtier »[1] ? Il répond aussitôt :

> Nul n'est réputé obligé par ses propres conventions à ne pas résister à la violence; en conséquence, rien ne saurait permettre de conclure qu'un homme a abandonné à quelque autre le droit de lui faire violence en portant la main sur lui. Dans l'institution de la République, chaque homme abandonne le droit de défendre autrui, mais non de se défendre lui-même. Il s'oblige aussi à assister celui qui détient la souveraineté, quand il s'agit de châtier autrui : mais non quand il s'agit d'être lui-même châtié. Du reste, s'engager par convention à assister le souverain quand il s'agit de nuire à autrui, ce n'est pas, à moins que celui qui passe cette convention n'ait lui-même ce droit, lui donner le droit de châtier. Il est donc évident que le droit de châtier que possède la République (c'est-à-dire celui ou ceux qui le représente) n'est pas fondé sur quelque concession ou quelque don de la part des sujets. Mais j'ai aussi montré plus haut, qu'avant l'institution de la République chaque homme avait un droit sur toutes choses, c'est-à-dire le droit de faire tout ce qu'il jugerait nécessaire à sa préservation, et donc, en vue de cette préservation, de soumettre tout autre homme, de lui nuire, ou de le tuer. Tel est le fondement du droit de châtier qui s'exerce dans toute République : en effet, ce ne sont pas les sujets qui l'ont donné au souverain; mais en se dessaisissant des leurs, ils ont fortifié celui-ci dans l'usage qu'il jugera opportun de faire du sien pour leur préservation à tous. Bref, on ne le lui a pas donné : on le lui a laissé, et on ne l'a laissé qu'à lui ; et, abstraction faite des limites imposées par la loi de nature, on le lui a laissé aussi entier qu'il existe dans l'état de simple nature et de guerre de chacun contre son prochain[2].

Dans le *Léviathan*, Hobbes propose trois manières possibles de constituer le droit de punir : le transfert du droit de punir ou l'abandon du droit de résistance[3] ; l'autorisation de punir ; laisser (*lay down*)[4] le droit sur toute chose.

1. Hobbes, *Léviathan*, *op. cit.*, XXVIII, p. 331.

2. *Ibid.*, p. 331-332.

3. Le transfert d'un droit est, en fait, l'abandon de ce droit. C'est la seule façon de transférer un droit, voir M. Li, *Zì Rán Shè Huì*, *op. cit.*, p. 411.

4. Hobbes, *Leviathan*, version anglaise, *op. cit.*, XXVIII, p. 204.

1) Le transfert du droit de punir ou l'abandon du droit de résistance

Si les individus, par convention sociale, avaient abandonné leur droit de résister à la violence, le souverain aurait obtenu un droit de punir fondé sur le consentement des contractants. Or, cette possibilité est niée par Hobbes, puisque le droit de résister n'est pas aliénable. L'abandon de ce droit indique la mise en danger de leur vie, contredisant totalement la raison et le but de la convention. Plus radicalement, Hobbes dit que, même si certains abandonnent le droit de résister par convention à cause de leur ignorance, cette convention sera invalide et ne justifiera pas le châtiment.

Par ailleurs, l'individu peut abandonner le droit de défendre ceux dont il ne se soucie pas, mais personne n'abandonne le droit de se défendre. Le droit de punir ne vient pas de l'abandon du droit de défendre autrui, parce qu'il doit préexister à l'obligation de ne pas aider ceux qui sont punis. De plus, les individus s'obligent eux-mêmes à aider le souverain à punir autrui, mais cela ne donne pas, non plus, au souverain le droit de punir : tout simplement, les individus ne possèdent pas ce droit dans l'état de nature. Le droit de nature, dont fait partie le droit de résistance, n'est pas le droit de punir, car il n'y a pas d'instance pour produire une accusation[1]. Et la résistance n'est pas un mal gratuit infligé sur l'autre, mais, par essence, une réponse au mal, et un moyen de se défendre[2]. Par conséquent, le droit de punir ne se fonde pas sur la convention sociale[3].

1. *Cf.* Y. C. Zarka, « Du droit de punir », art. cit., p. 233.

2. Cf. *ibid.*, p. 239.

3. Hobbes avait commencé à traiter du problème du droit de punir dans les *Éléments du droit*, et dans le *De Cive*. Mais dans le *Léviathan*, œuvre plus mature, les propositions précédentes ont été discutées et abandonnées. On parle donc ici du *Léviathan*.

Cependant, Y. C. Zarka a mené une recherche détaillée sur le développement théorique des *Éléments du droit* au *Léviathan*, dans « Du droit de punir », pour montrer la contradiction fondamentale entre le droit de résistance et le droit de punir. Or, Christophe Bénal pense que « la difficulté est sans doute ailleurs » et il mentionne la distinction entre le droit de se défendre soi-même et le droit de défendre autrui. *Cf.* C. Bénal, « Hobbes et le droit pénal », art. cit., p. 341-342. Mais, Zarka s'aperçoit bien de cette distinction et il montre clairement que la contradiction existe encore plus profondément entre le droit de résistance et le droit de punir. *Cf.* Y. C. Zarka, « Du droit de punir », art. cit., p. 238.

En fait, le contenu du droit de résistance, chez Hobbes, est large : il se compose du droit de se défendre soi-même, du droit de défendre les proches ainsi que ceux dont la souffrance ou la mort nous inquiète, et du droit de défendre les moyens nécessaires pour la préservation. Tous ces droits sont jugés par l'individu dans l'état de nature et sont inaliénables dans la convention sociale. En ce sens, la suppression de la peine de mort, proposée par Beccaria (*cf.* L. Strauss, *Droit naturel et histoire*, trad. fr. M. Nathan, É. de Dampierre, Paris, Flammarion, 2012, p. 177; M. A. Cattaneo, « Hobbes's theory of punishment », art. cit., p. 291-297), ne résout pas cette contradiction.

2) L'autorisation de punir

Le droit de punir semble donc venir de l'autorisation des individus. Plus précisément, le souverain agit par autorisation des sujets et ceux-ci reconnaissent ses paroles et ses actions comme étant les leurs. La volonté du souverain représente les volontés particulières des sujets, lesquelles s'unifient dans celle du souverain, de sorte que nulle action ou parole du souverain n'est injuste, étant donné que toutes sont celles des sujets eux-mêmes. Le châtiment par le souverain, comme action de l'acteur, est reconnu par les sujets comme le leur; les sujets sont les auteurs de leur propre châtiment. Or, comment un individu peut-il autoriser quelqu'un d'autre à infliger un mal sur lui-même ? Si l'individu résiste à la violence qui menace sa préservation, pourquoi l'autoriserait-il ? Cela va à l'encontre même de la raison. La théorie de l'autorisation tend plutôt à démontrer l'injustice que constitue la rébellion des sujets qu'à prouver la justice du châtiment[1]. Cela explique indirectement pourquoi, dans le texte cité, Hobbes ne mentionne pas l'autorisation. En conséquence, le droit de punir ne se constitue pas par l'autorisation.

3) Le droit sur toute chose

Hobbes dit finalement que le droit de punir réside dans le fait que chaque individu se dessaisit de son droit sur toute chose, de sorte que le souverain est le seul à avoir le droit sur toute chose, et que ce droit est largement renforcé par l'abandon des droits des individus. Mais le droit sur toute chose est différent du droit naturel. Ce dernier est, par essence, l'absence des obstacles extérieurs, lesquels empêchent l'usage réel du pouvoir de l'individu pour garantir sa vie ou les moyens nécessaires à sa préservation; il n'est donc pas un droit sur toute chose, ni sur tous les hommes, et il ne fournit pas le droit de contrôler le corps d'autrui. En revanche, le droit sur toute chose est une prolongation du droit naturel dans l'état de guerre[2]. Il contient le droit de contrôler le corps d'autrui et le droit d'infliger une violence sur autrui, laquelle est justifiée par la guerre de chacun contre chacun. Par cette distinction, l'on comprend pourquoi le droit de punir se fonde sur le droit sur toute chose : le châtiment est un mal infligé sur le corps d'autrui. D'ailleurs, le châtiment doit comporter une violence, à la fois forte et efficace afin de contenir les crimes et de neutraliser les ennemis potentiels.

1. M. Li, *Zì Rán Shè Huì*, *op. cit.*, p. 423.

2. *Cf.* Y. C. Zarka, « Du droit de punir », art. cit., p. 233 ; *id.*, *La décision métaphysique de Hobbes*, Paris, Vrin, 1999, p. 311-313.

Or, le souverain ne saurait s'octroyer l'intégralité du droit sur toute chose comme droit de punir : premièrement, l'égalisation des deux droits conduit à la réduction des sujets aux choses ; la construction politique mène à l'exercice d'une domination sur les personnes comme sur les choses. Cela va à l'encontre de la théorie de l'autorisation dans le *Léviathan*[1]. Deuxièmement, l'égalisation conduit à réduire les sujets coupables en ennemis, conduisant le souverain et les sujets à entrer en état de guerre. Troisièmement, le droit sur toute chose n'est pas un droit artificiel, il est lié à la personne naturelle du souverain. Il ne sert pas l'autorité publique, et ne s'applique donc pas au châtiment. De plus, le souverain pourrait abuser de ce droit à l'intérieur de l'État en jugeant les sujets comme ennemis, et, donc, produire la guerre. Ce problème correspond à la difficulté dans la définition du châtiment que l'on a évoquée plus haut.

En conséquence, le droit de punir n'est pas fondé sur le droit sur toute chose qui offre seulement un élément de violence. Il convient donc de chercher le fondement légitime de cette violence pour que le droit de punir soit convenable à la vie commune dans l'État politique. Nous allons maintenant examiner la pratique du pouvoir, où se trouveraient les fondements de l'existence et de la légitimité du châtiment.

LE DROIT DE PUNIR ET LA PRATIQUE DU POUVOIR

Hobbes dit, dans le chapitre XXX du *Léviathan*, que la pratique du pouvoir souverain est contenue dans la finalité de la souveraineté, c'est-à-dire dans la sûreté du peuple[2]. Le but du châtiment est donc également la sûreté du peuple. Mais comment pratiquer le pouvoir du châtiment ? Hobbes nous donne les réponses suivantes.

Premièrement, il faut que le souverain établisse de bonnes lois. Une bonne loi doit être nécessaire pour le bien du peuple. Si une loi apporte au souverain un avantage sans pour autant être nécessaire au peuple, ce n'est pas une bonne loi. Car « le bien du souverain et celui du peuple ne sauraient être séparés »[3]. De plus, une bonne loi doit être claire. Le souverain est responsable de « rendre claires les raisons pour lesquelles la loi est faite,

1. *Cf.* Y. C. Zarka, « De la propriété », dans *Hobbes et la pensée politique moderne*, *op. cit.*, p. 172-196.

2. Hobbes, *Léviathan*, *op. cit.*, XXX, p. 357.

3. *Ibid.*, p. 370.

et de rendre le corps lui-même de la loi aussi bref que possible, mais avec des termes aussi appropriés et aussi significatifs que possible »[1].

Deuxièmement, la pratique du pouvoir souverain englobe la bonne administration des châtiments. En d'autres termes, « les châtiments les plus sévères doivent être réservés aux crimes qui sont les plus dangereux pour le bien public »[2], et concernant les crimes de faiblesse, la clémence est souvent requise par la loi de nature. Hobbes écrit même que « se montrer sévère pour le peuple, c'est châtier une ignorance qui est en grande partie imputable au souverain »[3].

On voit donc que, dans la pratique du pouvoir, la bonne loi, la bonne administration et la clémence limitent l'abus de châtiment, et atténuent le conflit entre souverain et sujets. La violence provenant du droit sur toute chose reste d'un usage prudent, et le châtiment sert à la sûreté du peuple et à la préservation de tous. Ici, l'on retrouve le fondement juridique dans la pratique du pouvoir souverain[4].

Mais des questions demeurent : comment le souverain peut-il bien exercer son pouvoir ? Comment l'autorité publique peut-elle s'exercer sans l'influence de la personne naturelle du souverain ? De plus, même s'il y a de bonnes lois et une bonne administration des châtiments, comment un sujet peut-il accepter un châtiment sans éprouver de l'hostilité ? La réponse ne se trouve pas dans le système juridique, mais ailleurs. Hobbes l'indique dans un paragraphe du chapitre XXX du *Léviathan* :

> Et il est d'autant plus nécessaire d'enseigner de façon diligente et véridique les fondements de ces droits, qu'ils ne peuvent pas s'appuyer sur une loi civile ou sur la frayeur d'un châtiment légal. En effet, une loi civile interdisant la rébellion (et toute résistance aux droits essentiels de la souveraineté est une rébellion) n'oblige nullement en tant que loi civile, mais seulement en vertu de la loi de nature, qui interdit de violer ses engagements : et si les gens ignorent cette obligation naturelle, le droit d'aucune des lois que fait le souverain ne peut leur apparaître. Et pour ce qui est du châtiment, ils le prennent pour un simple acte d'hostilité, qu'ils s'efforceront d'éviter par d'autres actes d'hostilité chaque fois qu'ils penseront être assez forts pour cela[5].

1. Hobbes, *Léviathan*, *op. cit.*, XXX, p. 371.
2. *Ibid.*, p. 371.
3. *Ibid.*, p. 372.
4. Selon Yves Charles Zarka, la pratique du pouvoir fournit un fondement juridique *a posteriori* au droit de punir., voir Y. C. Zarka, « Du droit de punir », art. cit., p. 245-250.
5. Hobbes, *Léviathan*, *op. cit.*, XXX, p. 358. Hobbes indique une idée similaire dans le *De Cive* : « Il est donc du devoir de ceux qui administrent le pouvoir souverain de les extirper

Il est vrai que Hobbes n'a pas écrit d'œuvre consacrée à l'éducation comparable à l'*Émile* de Rousseau, où ce dernier tente de régler, par l'éducation, le conflit entre l'homme en tant que tel et le citoyen [1]. Mais la moitié de ce chapitre porte sur l'éducation publique, ce qui représente une importance manifeste d'un point de vue théorique : Hobbes s'est aperçu des difficultés que nous venons de citer et a tenté d'y remédier par l'éducation publique.

L'éducation publique contient d'abord la science politique, à savoir les fondements et les raisons des droits inaliénables du souverain et l'obligation civile des sujets. Cette science ne peut être ni connue ni acceptée par la crainte de la loi, mais par l'instruction. De plus, les préceptes de la loi de nature sont inclus dans l'éducation. Comme l'intention de l'individu peut être influencée non pas par la loi civile mais seulement par la loi de nature, l'éducation publique est la seule manière d'avoir une influence sur l'intention individuelle.

De surcroît, l'éducation civile vise non uniquement les sujets mais aussi le souverain. D'une part, le souverain, comme homme en tant que tel, doit recevoir une éducation; d'autre part, comme souverain de l'État, il doit bien connaître la science politique, la loi civile et la loi de nature afin de faire de bonnes lois et de pratiquer une bonne administration des châtiments – tout cela exigeant une éducation.

Revenons maintenant à la question du châtiment. Pour que les sujets reconnaissent un châtiment en tant que tel, ceux-ci doivent être bien informés des lois pénales, et comprendre la nécessité du châtiment, le précepte de la loi de nature : « ne fais pas à autrui ce que tu ne voudrais pas qu'on te fît à toi-même » [2], ainsi que la réalité selon laquelle « le bien du souverain et celui du peuple ne sauraient être séparés » [3]. Cela repose sur la pratique éducative du souverain. C'est grâce à l'éducation que le souverain possède un bon art de gouverner et exerce son pouvoir avec discernement : faire de bonnes lois, bien châtier, etc. Et surtout, le souverain et les sujets

de l'esprit des citoyens et d'y inculquer les doctrines contraires. Or, puisqu'on ne commande pas aux opinions mais qu'on les enseigne, et que ce n'est pas par la terreur de la punition mais par la clarté des raisons qu'on les introduit dans l'esprit des hommes, les lois censées obvier à ce mal doivent être établies contre les erreurs elles-mêmes et non contre ceux qui y adhèrent » (Th. Hobbes, *Du citoyen*, trad. fr. Ph. Crignon, Paris, Flammarion, 2010, p. 260). Mais dans le *Léviathan*, Hobbes complète et développe cette idée.

1. J.-J. Rousseau, *Émile*, dans B. Gagnebin, M. Raymond (dir.), *J.-J. Rousseau, Œuvres complètes*, t. IV, Paris, Gallimard, 1969.

2. Hobbes, *Léviathan*, *op. cit.*, XV, p. 157.

3. *Ibid.*, XXX, p. 370.

respectent la loi de nature et ne manifestent pas facilement d'hostilité. Par l'éducation, souverain et sujets accèdent à la raison et à la conscience. Il existe donc, dans un tel contexte, un consentement tacite parmi les sujets *a posteriori* : ils avouent la transgression commise, ainsi que le mal fait à autrui et au bien commun ; ils acceptent la justice du châtiment en dépit de leur résistance pour leur préservation ; enfin, ils ne nient pas le système juridique tout entier, ni l'autorité publique. Par conséquent, le but du droit de punir s'accorde fondamentalement avec celui de la convention sociale et avec la finalité de la pratique du pouvoir souverain. Le châtiment trouve le fondement de son existence et sa légitimité dans la bonne pratique du pouvoir souverain fondée sur l'éducation publique, étant la condition des autres pratiques.

Les contradictions posées au début du texte sont ainsi résolues au niveau théorique. Le représentant du grand Léviathan tient d'une main, l'épée, et de l'autre, le sceptre – symbolisant la pratique du pouvoir – qui garantit le droit et l'usage du châtiment[1]. Mais notre discussion fait apparaître une nouvelle interrogation : l'éducation publique peut-elle mener à une nouvelle domination sur la pensée ? Le contrôle de la parole publique, des travaux universitaires, etc., conduit-il à une idéologie absolutiste, comme le pense Pierre Manent[2] ? Autant de questions ouvertes qui attendent des réponses. Il n'en demeure pas moins que la pratique du pouvoir et l'éducation nous offrent la possibilité de repenser le droit de punir et de réfléchir sur le rôle de l'éducation en politique.

1. Le sceptre représente en fait le pouvoir de l'Église. Mais n'oublions pas que, pour Hobbes, l'Église, liée à l'éducation, à l'université et à l'intention privée, doit être sous le contrôle du souverain.

2. Dans le livre *Naissances de la politique moderne*, Pierre Manent s'aperçoit bien de l'importance de l'éducation publique dans la théorie de Hobbes et il montre le danger potentiel de cette pratique du souverain. *Cf.* P. Manent, *Naissances de la politique moderne*, Paris, Gallimard, 2013. Sinon, comment résoudre la difficulté du droit de punir ? Ce qui est important pour nous, c'est d'avoir une perspective plus complète en considérant la difficulté discutée ci-dessus quand il est question de l'éducation publique.

LA CORRUPTION DU PEUPLE CHEZ HOBBES

Francesca PIROLA *

La corruption du peuple peut conduire selon Hobbes à la rébellion et à la guerre civile et devenir ainsi une cause possible de la dissolution de l'État. Surtout dans le *Béhémoth*, Hobbes focalise son attention sur les raisons profondes de la corruption du peuple, en analysant le cas de la révolution anglaise du XVIIe siècle (1642-1649). La corruption du peuple est associée aux différentes catégories de séducteurs, qui font levier sur l'ignorance des sujets, et notamment sur leur ignorance politique, pour compromettre la stabilité de l'État, isoler le roi et gagner le pouvoir.

La question de la corruption « cognitive » du peuple est ici examinée dans ses deux composantes principales : d'une part, la question des séducteurs et les risques connexes à la prédication et à l'enseignement dans l'université ; d'autre part, le problème de l'ignorance du peuple en matière de droits et de devoirs, et précisément en ce qui concerne les prérogatives souveraines. Enfin, après les causes, on examine les remèdes que Hobbes propose dans le dialogue pour éviter que le peuple ne soit corrompu et, en même temps, pour sauver l'État de la décadence.

* Scuola Normale Superiore, Pise & PHILéPOL, Université de Paris.

LE PEUPLE ET SES SÉDUCTEURS

Le premier des quatre dialogues du *Béhémoth*, écrit autour de 1667 et publié pour la première fois une dizaine d'années plus tard, est consacré aux causes qui ont porté à la première révolution anglaise[1]. Comme on le lit au début du *Béhémoth*, entre les années 1640 et 1660 en Angleterre il était possible de « contempler le spectacle de toutes les sortes d'injustice et de toutes les formes de folie »[2] commises par les hommes. L'injustice et la folie ont mené à l'exécution, après un procès public, de Charles Ier, souverain légitime d'Angleterre, d'Écosse et d'Irlande le 30 janvier 1649. Injustice et folie sont indissolublement liées à la corruption du peuple. C'est précisément sur cet aspect que l'attention est focalisée dans ce texte. En recherchant les causes de la corruption du peuple, l'interlocuteur B du *Béhémoth*, plus jeune et inexpert, demande à l'interlocuteur *A*, considéré comme le porte-parole de Hobbes[3] : « Mais comment le peuple en vint-il à être si corrompu ? Et de quel genre étaient les hommes qui avaient pu les séduire à ce point ? »[4]. Ainsi, la corruption du peuple est associée aux différentes sortes de séducteurs, à savoir des hommes qui ont trompé le peuple et l'ont conduit sur la voie de la rébellion. D'abord, il faut examiner les catégories de séducteurs qui sont considérés comme coupables de la corruption du peuple. Dans les premières pages du *Béhémoth* on trouve parmi ces séducteurs les « papistes », les ministres presbytériens, les sectes religieuses (les Indépendants[5], les Anabaptistes, les Quakers), mais aussi les politiciens, surtout ceux qui sont lecteurs habituels des auteurs grecs et romains.

1. Les guerres civiles anglaises (1642-1646; 1648-1649) sont le résultat de plusieurs erreurs politiques (théoriques et pratiques) qui deviennent fatales pour l'État. Sur ce point, voir L. Borot, « Hobbes's Behemoth », *in* G. A. J. Rogers, T. Sorell (eds), *Hobbes and History*, London-New York, Routledge, 2000, p. 139. Pour une analyse du *Béhémoth*, voir R. MacGillivray, « Thomas Hobbes's History of the Civil War. A Study of Behemoth », *Journal of the History of Ideas*, XXXI/2, 1970, p. 179-198. Voir aussi M. Stephen Jendrysik, *Explaining the English Revolution. Hobbes and his Contemporaries*, Lanham, Lexington Books, 2002.

2. Th. Hobbes, *Béhémoth ou Le Long Parlement*, introd., trad. et notes L. Borot, Paris, Vrin, 1990, t. I, p. 39.

3. Pour le rapport entre les interlocuteurs du *Béhémoth*, voir G. Vaughan, « The Audiences of "Behemoth" and the Politics of Conversation », *in* T. Mastnak (ed.), *Hobbes's Behemoth. Religion and Democracy*, Exeter, Imprint Academic, 2009, p. 182.

4. Hobbes, *Béhémoth*, *op. cit.*, t. I, p. 40.

5. Pour les critiques de Hobbes contre les Indépendants, voir J. Sommerville, « Hobbes and Independency », *Rivista di storia della filosofia*, LIX/1, 2004, p. 155-173.

En premier lieu, les papistes sont attaqués parce qu'ils attribuent, bien qu'indirectement, le pouvoir temporel au pape. Pouvoir indirect signifie que le pape est autorisé à intervenir contre le souverain civil lorsque ses actions s'opposent à la religion ou à la morale. C'est de là que part l'ingérence du pape dans le domaine temporel. Le résultat de cette doctrine papiste est une souveraineté divisée, qui, pour Hobbes, est tout à fait inadmissible. Diviser la souveraineté signifie l'affaiblir drastiquement, la vider de sa puissance. Du point de vue de Hobbes, comme déjà chez Jean Bodin dans la *République*, seule la souveraineté indivise (dans les mains d'un seul souverain ou d'une assemblée souveraine) peut être efficace. Les idées papistes qui défendent la souveraineté fractionnée contribuent ainsi à créer la confusion et c'est pour cela qu'elles doivent être considérées effectivement comme des idées pernicieuses et séditieuses.

Un autre agent pathogène (une « infection » dans le langage hobbesien) est représenté par les ministres presbytériens, les Puritains modérés bien présents et enracinés en Angleterre et même dans le Parlement. Grâce à leur style de prédication et à leur brillante élocution, les Presbytériens convainquent facilement le peuple qu'il est opprimé par le roi, et s'attirent ainsi sa sympathie et sa bienveillance. Toutefois, Hobbes explique que les Presbytériens sont des « hypocrites » parce qu'ils cachent derrière la religion leur réelle intention, qui est précisément celle de fomenter un complot contre le souverain. Par des pétitions et des remontrances, les Presbytériens et d'autres membres parlementaires, à partir de 1640, demandent au roi des parts essentielles du pouvoir souverain, comme par exemple le pouvoir de contrôler les forces militaires – c'est précisément le cas de la *Militia Ordinance*. Il serait impossible pour le roi de renoncer à son autorité sur les forces militaires, car renoncer à une partie de la souveraineté implique la perte de la souveraineté tout entière. Les membres parlementaires veulent, de toute évidence, soustraire au roi son pouvoir ou lui laisser un titre royal vide et tout à fait inconsistant[1].

Les croyances antimonarchiques des Presbytériens s'accordent bien avec d'autres genres de séducteurs, et notamment, les hommes démocratiques, c'est-à-dire les défenseurs du gouvernement populaire.

1. Probablement, l'objectif des Presbytériens est celui de transformer le gouvernement monarchique en oligarchie. Voir Hobbes, *Béhémoth*, *op. cit.*, t. II, p. 114 : « Ils désiraient la souveraineté entière et absolue, et changer le gouvernement monarchique en une oligarchie, c'est-à-dire rendre le Parlement, composé de quelques Lords et d'environ quatre cents membres des Communes, absolu dans la souveraineté, dans un premier temps, et peu après mettre à l'écart la Chambre des Lords ».

Normalement, ces corrupteurs célèbrent le gouvernement populaire comme le gouvernement de la liberté et, en même temps, méprisent les monarchies en les appelant « tyrannies » [1]. Les hommes démocratiques, d'une part, condamnent les monarchies en tant que gouvernements oppressifs, et, d'autre part, ils diffusent parmi les sujets l'idée qu'on ne peut expérimenter la vraie liberté que dans un gouvernement populaire. Dans leur stratégie ils sont influencés par la lecture des auteurs grecs et romains, comme Platon, Aristote, Cicéron, Sénèque. Hobbes est extrêmement critique envers ce genre d'influence politique ; comme il met en évidence déjà dans son *Léviathan*, avec la lecture des auteurs antiques les hommes ont appris à censurer arbitrairement les actions de leurs souverains et, encore pire, ils ont appris à tuer leurs rois en les appelant « tyrans » pour procéder contre eux [2]. En d'autres termes, les auteurs classiques introduisent la distinction entre régicide, c'est-à-dire le meurtre d'un roi, et tyrannicide, le meurtre d'un tyran, mais selon Hobbes il n'y a aucune distinction possible : roi et tyran sont en effet deux termes différents pour indiquer le même concept, celui qui détient le pouvoir souverain. Par conséquent, la distinction entre régicide et tyrannicide n'existe pas, c'est toujours le meurtre du pouvoir souverain. C'est un point capital : en annulant la distinction entre roi et tyran, Hobbes élimine l'argument sur lequel se fondent tous ceux qui veulent justifier l'exécution de Charles Ier et, en particulier, John Milton dans son *Tenure of Kings and Magistrates* (1649). Les auteurs classiques et, après eux, les hommes démocratiques utilisent les mots avec la précise intention d'influencer le peuple et ses actions. Dans cette perspective, on voit très clairement que le terme de

1. Hobbes, *Béhémoth*, *op. cit.*, t. I, p. 62-63 : « C'est en effet chose difficile pour des hommes qui ont tous une haute idée de leur intellect, lorsqu'ils ont aussi acquis le savoir des universités, que de se laisser convaincre qu'ils manquent des dispositions nécessaires au gouvernement d'une république, surtout lorsqu'ils ont lu de glorieuses histoires et la philosophie politique sentencieuse des gouvernements populaires des anciens Grecs et Romains, où les rois étaient haïs et stigmatisés du nom de tyrans, et le gouvernement populaire (bien qu'on n'ait jamais vu de tyrans plus cruels qu'une assemblée populaire) était gratifié du nom de liberté ».

2. *Id.*, *Léviathan*, introd., trad. et notes F. Tricaud, Paris, Dalloz, 1999, chap. XXIX, p. 348-349 : « C'est, dis-je, à la suite de telles lectures que des hommes ont accepté de tuer leurs rois, parce que les auteurs grecs et latins, dans leurs ouvrages ou propos touchant la politique, présentent comme légitime et honorable le fait pour n'importe qui d'en user ainsi, pourvu qu'avant d'accomplir cet acte le meurtrier baptise sa victime du nom du tyran. En effet, ces ouvrages déclarent légitime, non le *régicide*, c'est-à-dire le meurtre d'un roi, mais le *tyrannicide*, c'est-à-dire le meurtre d'un tyran ».

« tyrannie » est puissant, parce que le peuple peut être convaincu de s'opposer, même de prendre les armes, contre un tyran présumé.

Du point de vue de Hobbes, ce qui est plus inquiétant encore est le fait que de fausses croyances et des doctrines dangereuses deviennent un héritage commun et presque impossible à déraciner. C'est précisément la situation anglaise pendant les guerres civiles, quand la corruption est si diffusée qu'elle ne peut plus être contenue. Une constatation reste à faire : « D'une certaine manière tous ses sujets étaient changés en ennemis par la prédication des ministres presbytériens, et par les insinuations séditieuses des politiciens menteurs et ignorants » [1]. Les sujets se transforment ainsi en ennemis (et précisément en ennemis internes) du pouvoir souverain.

La corruption et l'ignorance du peuple

Parmi les facteurs de corruption du peuple Hobbes mentionne aussi l'ignorance des hommes. Dans son *Béhémoth*, Hobbes ne condamne pas l'ignorance en général, mais plutôt l'ignorance politique, c'est-à-dire l'ignorance des sujets en ce qui concerne leurs droits et devoirs, et les prérogatives de la souveraineté. C'est précisément sur ce type d'ignorance que les Parlementaires font levier pour éloigner les sujets du roi, pour isoler le souverain et affaiblir sa position. L'ignorance est aussi l'une des causes principales de la guerre civile. Chez Hobbes, ignorance signifie d'abord fausse connaissance et opinion incorrecte. Le peuple a tendance à être passif, à se laisser entraîner par des chefs persuasifs ou à se laisser tromper par les artifices des séducteurs. Si le peuple ne connaît pas ses devoirs envers le pouvoir souverain, il est plus facile de le persuader de la validité des doctrines qui sont, en réalité, fausses et séditieuses.

Selon Hobbes, l'instruction du peuple est une nécessité primaire, mais il faut faire attention aux faux enseignants. Dans ce contexte, il faut considérer surtout le rôle des ecclésiastiques et des prédicateurs, qui disposent d'un grand pouvoir d'influence et de suggestion sur le peuple. La prédication est une arme très dangereuse, parce qu'elle ne peut pas être contrôlée par l'autorité civile. Le problème des sermons des prédicateurs dépend surtout de l'impossibilité de prévoir leur contenu [2]. C'est un point

1. Hobbes, *Béhémoth*, *op. cit.*, t. I, p. 67.

2. *Ibid.*, t. II, p. 102-103 : « J'avoue aussi qu'en considération du dommage qui peut résulter de la liberté qu'ont les hommes, chaque dimanche et même plus souvent, de haranguer tout le peuple d'une nation au même moment, sans que l'État soit averti de ce qu'ils

particulièrement sensible, comme il résulte dans un passage du *Béhémoth* : « C'est ainsi qu'il n'est point possible que la multitude apprenne jamais son devoir, si ce n'est du haut de la chaire et les jours de congé; mais c'est en ces occasions-là et de ce même poste qu'ils ont appris leur désobéissance »[1]. Le peuple devrait être habitué à l'obéissance, mais en écoutant les sermons des prédicateurs le peuple a appris principalement la désobéissance. Les sujets ont appris tout le contraire de leur devoir. Nous reviendrons sur ce point.

La prédication des ecclésiastiques est associée à l'enseignement dans l'université. Les universités sont des lieux de formation, même des prédicateurs, où les débats et les disputes sont favorisés et sollicités constamment. C'est surtout pour cela que les universités sont considérées par Hobbes comme un moyen excellent pour diviser le royaume en factions; si les sujets sont habitués à discuter, il devient encore plus difficile de promouvoir la concorde et la paix publique. Même en Angleterre les universités ont joué un rôle nuisible : « Les universités – on lit dans le *Béhémoth* – ont été pour cette nation ce que le cheval de bois fut pour les Troyens »[2]; et encore : « Le cœur des rébellions (...) sont les universités »[3].

Comme l'explique Hobbes à plusieurs occasions, la caractéristique qui détermine un bon sujet est l'obéissance aux lois – ce qui garantit la stabilité à l'État. Les devoirs du souverain, par contre, sont principalement d'administrer la justice, de maintenir l'ordre public et d'assurer la sécurité aux sujets. Un sujet vertueux est un sujet obéissant, mais il est indubitablement difficile d'être un bon sujet quand on est constamment conditionné par des opinions séditieuses et corruptrices, qui sont répandues par les ennemis de la monarchie. Les problèmes les plus sérieux pour l'État commencent précisément quand les sujets nient l'obéissance au souverain. Ainsi, les sujets se posent dans la condition de s'opposer à leur souverain et de résister à ses ordres[4]. Associée à la désobéissance on trouve la

vont dire, et que rien de semblable n'est permis dans le monde entier, hormis dans la Chrétienté, et par conséquent qu'il n'y a pas de guerres civiles sur des questions religieuses, j'en ai déduit que l'abondance de prédication est un danger ».

1. Hobbes, *Béhémoth*, *op. cit.*, t. I, p. 79.

2. *Ibid.*

3. *Ibid.*, p. 96. Voir aussi *ibid.*, p. 94 : « C'est pourquoi je désespère de voir une paix durable parmi nous jusqu'à ce que les universités de notre pays inclinent et dirigent leurs études vers la stabilisation de celle-ci, c'est-à-dire vers l'enseignement de l'obéissance absolue aux lois du roi ».

4. *Ibid.*, p. 88 : « S'il est alors légitime pour les sujets de résister au roi quand il commande quelque chose qui est contraire à l'Écriture, c'est-à-dire contraire au commandement de Dieu,

revendication du droit individuel de juger le juste et l'injuste, le bien et le mal. La prétention de ce droit est déjà énumérée dans le *De Cive*[1] parmi les doctrines séditieuses, parce qu'elle est synonyme de désordre dans l'État. L'idée que les individus puissent décider singulièrement ce qui est juste ou injuste est tout à fait fausse – ou mieux elle est vraie seulement dans l'état de nature – alors qu'après l'institution de la société politique ce sont les lois civiles, établies par le pouvoir souverain, qui déterminent les actions justes ou injustes, bonnes ou mauvaises, ce qu'il faut faire et ce que, au contraire, il faut éviter de faire.

D'ailleurs, la rhétorique des ennemis de la monarchie, qui décrit un roi comme une bête féroce, rend difficile – sinon impossible – le fait qu'un sujet puisse être obéissant, comme on le lit dans un passage du *Béhémoth* :

> Car peuvent-ils être de bons sujets de la monarchie, ceux dont les principes sont pris chez les ennemis de la monarchie, comme Cicéron, Sénèque, Caton et d'autres penseurs politiques de Rome, et l'Athénien Aristote, qui parlent rarement des rois sans les traiter de loups ou autres noms de bêtes rapaces[2] ?

Encore en polémique avec les auteurs classiques, Hobbes signale ici un type de rhétorique particulièrement exécrable, parce qu'elle lèse et entame l'image du souverain. La philosophie politique des anciens, qui comparent les rois aux bêtes féroces, appelle principalement aux passions et, notamment, au désir naturel de la liberté, tandis que la philosophie politique hobbesienne se fonde avant tout sur la raison. Si les passions conduisent inévitablement au conflit, la raison a pour objectif la paix[3]. L'attaque de Hobbes contre les auteurs anciens est directe et la raison est parfaitement compréhensible, parce que leurs livres ont une puissance extraordinaire. Déjà, les livres en général peuvent avoir la capacité de corrompre l'esprit des gens et à plus forte raison les livres des anciens, qui sont dangereux par leur contenu hostile aux rois. Comme Hobbes l'explique dans un passage efficace du *De Homine*, le peuple est corrompu par les auteurs anciens qui « vont faire l'éloge (…) des régicides pour

et d'être juges du sens de l'Écriture, il est impossible que la vie d'aucun, ou la paix d'aucun royaume chrétien puisse être longtemps assurée ».

1. Th. Hobbes, *Du citoyen*, présentation et trad. Ph. Crignon, Paris, Flammarion, 2010, VI, 9, p. 171.

2. *Id.*, *Béhémoth*, *op. cit.*, t. IV, p. 201.

3. Pour la question de la paix comme objet de la première loi de nature dans la pensée hobbesienne, voir les considérations de N. Bobbio, *Thomas Hobbes*, Turino, Einaudi, 1989, p. 116-117.

lequel il suffit de qualifier les rois de tyrans avant de les tuer »[1]. Hobbes continue dans ses considérations :

> L'esprit des gens est encore bien plus corrompu par les livres ou par les sermons de ceux qui veulent qu'il y ait un royaume dans le royaume, un royaume ecclésiastique dans le royaume civil. C'est ainsi qu'à la place des Cassius et des Brutus sont apparus les Ravaillac et les Clément qui croyaient servir Dieu en tuant leurs rois, alors qu'ils servaient une ambition étrangère[2].

À cause des livres et des sermons contenant des doctrines fausses, violentes et perverses, les hommes ont commencé à tuer leurs rois, même en faisant appel à Dieu, à leur foi et leur religion. Ici Hobbes fait référence à Jacques Clément, le moine qui a tué en 1589 le roi de France Henri III, dernier roi de la dynastie des Valois, et à François Ravaillac, catholique fanatique et assassin en 1610 du roi Henri IV, premier souverain de la dynastie des Bourbon. Les deux ont agi probablement dans la conviction (vraie ou fausse peu importe dans la perspective des effets politiques) d'être inspirés par Dieu. Dans ce passage du *De Homine*, les Clément et les Ravaillac deviennent les emblèmes du procès de dégénération et de corruption qu'on a vu jusqu'à maintenant. Leurs exemples expliquent clairement comment il est possible que de fausses persuasions puissent se traduire en actions également fausses et encore plus pernicieuses pour l'État. C'est un risque réel que ces exemples, tirés de l'histoire de France, confirment. Déjà, avant ces régicides individuels, les célèbres « pamphlets huguenots »[3], parus après le massacre de la Saint-Barthélemy (24 août 1572) et plus tard indiqués par les spécialistes comme « traités monarchomaques »[4], introduisent la possibilité réelle de s'opposer à un souverain qui opprime le peuple, surtout dans l'exercice de sa liberté religieuse.

1. Th. Hobbes, *De Homine/De l'homme*, éd. J. Terrel, Paris, Vrin, 2015, XIII, 7, p. 429.

2. *Ibid.*

3. Parmi ces pamphlets, on retrouve la *Francogallia* de François Hotman (1573), le traité *Du droit des magistrats sur leurs sujets* de Théodore de Bèze (1574), l'anonyme *Réveille-Matin des François et de leurs voisins* (1574), les anonymes *Discours politiques de diverses puissances* et les célèbres *Vindiciae contra Tyrannos* (1579) écrites probablement par Philippe Duplessis-Mornay et Hubert Languet.

4. Le terme latin « monarchomachos » paraît pour la première fois dans l'ouvrage *De regno et regali potestate* du juriste écossais William Barclay. Imprimé à Paris en 1600, le traité de Barclay contient une défense articulée des droits du roi et une critique profonde des défenseurs de l'opposition et de la résistance au souverain appelés « monarchomachos ». Pour la tradition monarchomaque française et l'usage de cette catégorie historiographique, voir P.-A. Mellet, *Les traités monarchomaques (1560-1600)*, Genève, Droz, 2007.

Cependant, dans ces pamphlets, la résistance au pouvoir tyrannique doit être mise en place par des magistrats inférieurs (qui sont intermédiaires entre le peuple et le roi), non par le peuple ni par un seul individu. La résistance, semble-t-il dans le cas français ici évoqué, devient possible à partir du moment où on commence à la penser comme réalisable et légitime. Mais si Jacques Clément et François Ravaillac peuvent être considérés comme des fanatiques, des hommes qui, individuellement, se sont rendus coupables de la mort d'un souverain légitime, le cas anglais de l'exécution de Charles Ier semble encore plus préoccupant. Dans ce cas, comme nous l'avons déjà souligné, le souverain est exécuté après un procès public et une sentence de condamnation. En Angleterre, la corruption n'est pas attribuée à un seul individu (qui a choisi de tuer son roi au nom d'une inspiration divine), mais au peuple entier qui a été séduit.

CORRUPTION DU PEUPLE ET DISSOLUTION DE L'ÉTAT

Certes, traiter de « corruption » en politique n'est pas nouveau. Déjà chez Platon et Aristote, aux formes du gouvernement qui visent à l'intérêt commun correspondent leurs formes corrompues, qui sont dégénérées dans la mesure où elles visent aux intérêts privés d'un individu ou d'une minorité. Chez Machiavel, la corruption se connote comme corruption des corps politiques et des peuples. Dans ses réflexions politiques, et notamment dans ses *Discorsi sopra la prima deca di Tito Livio*, Machiavel utilise la métaphore organiciste (à savoir l'analogie corps naturel – corps politique) pour expliquer la propagation de la corruption. Comme une maladie, la corruption est contagieuse, parce qu'elle peut se répandre de la tête aux membres du corps politique. Quand la matière devient corrompue, face à la *materia corrotta*, l'inégalité et l'injustice se propagent dans les institutions politiques à tous les niveaux et rendent le peuple corrompu. Pour retrouver l'égalité et l'équité, il faut des moyens extraordinaires – un homme vertueux, de nouvelles lois, un « retour aux principes » complexe (et pas toujours possible)[1]. Dans *Discorsi*, Machiavel explique qu'un peuple corrompu vit dans des conditions de servitude et qu'il ne peut plus vivre en liberté. Chez Machiavel la corruption implique la perte de la vie libre ; là où les hommes sont corrompus, c'est l'arbitre et la violence des tyrans qui gouvernent, et non pas les lois. La corruption se développe et se propage dans la matière des corps politiques et, en en corrodant la vie,

1. *Cf.* Nicolas Machiavel, *Discorsi*, livre III, chap. I.

compromet la durée des institutions politiques. Dans un certain sens, chez Machiavel le « vivere corrotto » devient le contraire du « vivere libero » ; la corruption devient le contraire de la liberté [1].

Chez Hobbes la corruption du peuple dérive plutôt d'un excès de liberté, plus précisément d'un état de « licence » des sujets. La corruption du peuple peut ainsi conduire à la rébellion et à la guerre civile; elle peut devenir une cause possible de la dissolution de l'État [2] – ce qui effectivement s'est passé en Angleterre dans les années de guerres civiles. Du point de vue de Hobbes, le peuple anglais, désormais séduit, est convaincu de supporter les projets subversifs des chefs ambitieux [3]. De plus, déjà habitué à remettre en cause le pouvoir souverain, le peuple anglais est poussé contre Charles Ier, le souverain légitime. Comment les séducteurs peuvent-ils convaincre le peuple ? Ils font levier sur l'ignorance de la multitude. Ils sont capables de confondre et de désorienter le peuple en jouant sur l'ambiguïté de la signification des mots. Comme Hobbes le souligne à plusieurs occasions, le langage peut être véhicule de fausseté [4]. On peut utiliser un certain type de langage pour endoctriner, pour manipuler les hommes, même pour augmenter le mécontentement général. Utiliser un certain genre de rhétorique, qui est en effet séditieuse, sous-tend déjà une opération politique spécifique. Dans ce sens, un exemple est représenté par Catilina, homme politique romain célèbre pour son éloquence proverbiale. Contrairement à l'éloquence entendue comme exposition claire et linéaire des concepts, l'éloquence de Catilina se fonde sur un usage métaphorique des mots (qui est compté par Hobbes parmi les abus du langage) et vise uniquement à réveiller les passions dans le public. Ce type d'éloquence a pour but non pas la vérité, mais la victoire [5]. Certes, ces expédients rhétoriques ne sont pas faciles ni immédiats à reconnaître,

1. Sur ce sujet, un travail de comparaison entre Machiavel et Hobbes est conduit par A. Lupoli, « La nozione di "popolo corrotto" in Machiavelli e Hobbes », *in* L. Bianchi, A. Postigliola (eds), *Dopo Machiavelli/Après Machiavel*, Napoli, Liguori, 2008, p. 153-185.

2. Sur le vocabulaire de la « dissolution » chez Hobbes, voir O. Nicastro, « Le vocabulaire de la dissolution de l'État », dans Y. C. Zarka (éd.), *Hobbes et son vocabulaire. Études de lexicographie philosophique*, Paris, Vrin, 1992, p. 259-285.

3. Sur le rôle joué par l'ambition dans la pensée de Hobbes, voir G. Slomp, « On Ambition, Greed and Fear », in *Hobbes's Behemoth. Religion and Democracy*, *op. cit.*, p. 129-147. Deborah Baumgold a insisté sur l'équivalence entre séduire et mobiliser, voir D. Baumgold, « Hobbes's Political Sensibility », *in* M. Dietz (ed.), *Thomas Hobbes and Political Theory*, Lawrence, University Press of Kansas, 1990, p. 80.

4. Sur ce point, voir P. Moloney, « Leaving the Garden of Eden : Linguistic and Political Authority in Thomas Hobbes », *History of Political Thought*, XVIII/2, 1997, p. 259-260.

5. Hobbes, *Du citoyen*, *op. cit.*, XII, 12, p. 250-252.

surtout par un public inexpert ou ignorant. Comme l'a suggéré Adrian Blau dans son article *Hobbes on Corruption*, la corruption du peuple est surtout une « corruption cognitive »[1]. Par corruption cognitive on entend, premièrement, une capacité du jugement subvertie ou compromise et, deuxièmement, une capacité d'interprétation défectueuse ou incorrecte. Dans cette perspective, le peuple est corrompu puisqu'il n'arrive pas à juger et interpréter de façon correcte; il est trompé, induit en erreur par des corrupteurs et des séducteurs. Dans ce cas, il faut souligner aussi un contraste entre expérience et inexpérience. Dans un passage du *De Homine*, Hobbes accuse les experts du droit de tromper le peuple inexpert en le poussant contre les gouvernants :

> C'est ainsi que la plupart des guerres civiles commencent habituellement; lorsque les juristes considérés comme les plus compétents accusent d'injustice ceux qui gouvernent la cité, la foule totalement incompétente (...) prend les armes contre ceux qui gouvernent la cité, et donc contre la cité elle-même[2].

Ici on voit très clairement le contraste entre les experts et le peuple (plus précisément, la foule) qui est tout à fait inexpert, incompétent. Le peuple ne se rend pas compte du fait que prendre les armes contre ceux qui détiennent le pouvoir souverain signifie agir contre l'existence de l'État.

En Angleterre, les sujets se sont laissés entraîner sur la voie de la rébellion. Ils étaient convaincus de pouvoir reconquérir la liberté en limitant les prérogatives royales ou en se débarrassant du roi[3]. Donc, la corruption du peuple devient, très concrètement, un problème d'endoctrinement. Le peuple n'est pas toujours capable de distinguer entre vérité et erreur, principalement parce qu'il ignore ou confond la signification des mots. Il est porté à donner crédit aux discours des personnes (des chefs politiques, des prédicateurs, des hommes ambitieux) auxquelles il a précédemment accordé sa confiance[4].

1. A. Blau, « Hobbes on Corruption », *History of Political Thought*, XXX/4, 2009, p. 596-616.

2. Hobbes, *De Homine*, *op. cit.*, XIII, 6, p. 429.

3. Voir N. Campagna, *Thomas Hobbes. L'ordre et la liberté*, Paris, Éditions Michalon, 2000, p. 19-20.

4. Pour un concept analogue, voir R. Kraynak, *History and Modernity in the Thought of Thomas Hobbes*, Ithaca, Cornell UP, 1990, p. 73.

Une fois les causes de la corruption identifiées, il y a encore des considérations qui restent à faire, surtout sur les possibles remèdes contre la corruption et, par conséquent, contre la dissolution de l'État. Le contrôle sur les opinions séditieuses enlève, à la racine, une cause significative de la dissolution de l'État ou, du moins, réduit considérablement la probabilité de diffusion du dissentiment et de la discorde parmi les sujets. Il faut éviter la corruption du peuple par tous les moyens possibles : premièrement, Hobbes manifeste la nécessité de limiter le droit d'expression, surtout des prédicateurs; deuxièmement, il faut réformer les universités; enfin, le pouvoir souverain doit prendre en charge l'éducation politique des sujets. En particulier, ce dernier aspect est fondamental : enseigner aux hommes leurs devoirs en tant que citoyens sera une condition préalable et incontournable pour la stabilité de l'État – et l'un des devoirs du souverain que Hobbes énumère dans le chapitre XXX du *Léviathan*[1].

Le premier remède contre la corruption cognitive et contre la tendance à la résistance qui en est la conséquence est l'éducation à l'obéissance, tout à fait essentielle pour assurer la paix dans l'État. L'éducation politique du peuple réduit le risque d'une dissolution de l'État, même s'il reste toujours présent. En Angleterre, pendant les années de guerres civiles, le risque de la décadence devient une réalité historique. Loin d'être disqualifiée, la désobéissance était jugée comme positive et « les gens désobéissants tenus pour les meilleurs patriotes »[2]. La folie et l'injustice – pour revenir au début du *Béhémoth* – étaient diffusées partout, et la corruption était désormais impossible à déraciner.

1. Sur la nécessité d'instruire le peuple ont insisté J. Sommerville, *Thomas Hobbes. Political Ideas in Historical Context*, London, Macmillan, 1992, p. 100-104; M. Dietz, « Hobbes's Subject as Citizen », in *Thomas Hobbes and Political Theory*, *op. cit.*, p. 91-119.

2. Hobbes, *Béhémoth*, *op. cit.*, t. I, p. 40.

LES TURCS D'HOMÈRE ?
LUCQUES ET CONSTANTINOPLE CHEZ HOBBES

Raffaella SANTI *

Car, bien qu'on grave sur les tours et sur les portes
des villes en gros caractères le nom de liberté,
elle ne regarde pourtant les particuliers,
mais les corps de la cité ;
et n'appartient pas davantage à une ville républicaine,
qu'à telle autre qui est dans le cœur du royaume.

Th. Hobbes, *Le Citoyen*, X, 8, traduit par S. Sorbière (1649)

La liberté de chaque individu est la même à Lucques qu'à Constantinople : voici l'affirmation surprenante de Hobbes dans le chapitre XXI, huitième paragraphe, du *Léviathan* (1651) [1], où on lit :

> De nos jours, le mot LIBERTAS est inscrit en grandes lettres sur les tourelles de la cité de *Lucques* : personne néanmoins ne saurait en inférer qu'un particulier y possède une plus grande liberté ou immunité, à l'égard de

* Université d'Urbino « Carlo-Bo ».

1. Th. Hobbes, *Leviathan*, 3 vol., éd. N. Malcolm, Oxford, Clarendon Press, 2012; les traductions françaises sont tirées de Thomas Hobbes, *Léviathan* [désormais *Lev*], éd. F. Tricaud, Paris, Sirey, 1971 et Thomas Hobbes, *Léviathan. Traduit du Latin* [désormais *Lev latin*], éd. F. Tricaud, M. Pécharman, Paris, Vrin/Dalloz, 2004. C'est nous qui traduisons en français les probables sources de Hobbes : Botero, Sandys, Knolles et Brerewood.

> l'obligation de servir l'État, que c'est le cas à Constantinople. Qu'un État soit monarchique ou populaire, la liberté y reste la même [1].

Certains des commentateurs contemporains de Hobbes ne semblent pas être frappés par cette affirmation, comme par exemple Clarendon (Edward Hyde), qui ne la mentionne pas dans son mordant commentaire critique *A Survey of the Leviathan* (1676) [2]; tandis que d'autres, appartenant en particulier au milieu de la pensée républicaine, en soulignaient le caractère scandaleux, en la soumettant à une critique sévère – le plus connu d'entre eux étant sans aucun doute James Harrington, qui, dans *The Common-wealth of Oceana* (1656), commente comme suit :

> La montagne a accouché, et nous avons une équivoque. Car, dire qu'un Lucquois ne reçoit pas plus de liberté ou de franchise *de la part* des lois de Lucques qu'un Turc n'en obtient de celles de Constantinople et dire qu'un Lucquois ne reçoit pas plus de liberté ou de franchise *par* ses lois, sont deux discours assez différents. Le premier peut être dit également de tous les gouvernements; le second à peine de deux [3].

Nous verrons dans quel sens le rapprochement entre Lucques et Constantinople est cohérent avec la vision de la politique de Hobbes, qui implique précisément : « Qu'un État soit monarchique ou populaire, la liberté y reste la même / *Whether a Common-wealth be Monarchicall, or Popular, the Freedome is still the same* ».

Cependant, pourquoi Hobbes choisit-il de comparer précisément Lucques avec Constantinople? Dans les paragraphes qui suivent, nous allons essayer de montrer que le choix de ces deux villes : 1) n'est pas accidentel, mais provient de sources très spécifiques, à savoir des lectures, faites par Hobbes, des textes à caractère historique et géographique, tels que *A relation of a journey* de George Sandys et *Relazioni universali* de Giovanni Botero; 2) est un expédient rhétorique destiné à frapper l'imaginaire du lecteur cultivé, en rapportant entre elles deux réalités emblématiques, habituellement associées à des valeurs politiques antithétiques dont elles sont tenues pour porteuses : Lucques est le symbole de la liberté

1. *Lev*, XXI, p. 227 (mais on a utilisé le mot État pour *Common-wealth*).

2. Voir Edward [Hyde] Earl of Clarendon, *A Briefe View and Survey of the Dangerous and Pernicious Errors to Church and State, In Mr. Hobbes's Book, Entitled* LEVIATHAN, Oxford, Printed at the Theater, 1676, p. 80-97.

3. James Harrington, *The Common-wealth of Oceana*, Londres, Printed by John Streater for Livewell Chapman, 1656, p. 11; trad. fr. M.-I. Ducrocq, *Aux sources de la démocratie anglaise. De Thomas Hobbes à John Locke*, Villeneuve d'Ascq, Presses Universitaires du Septentrion, 2012, p. 53.

civique républicaine (occidentale), alors que Constantinople est le symbole de la tyrannie impériale (orientale); 3. est conceptuellement cohérent avec la philosophie politique hobbesienne, dont les principes théoriques s'appliquent à toutes les formes de gouvernement, c.-à-d. démocratique, aristocratique et monarchique – aucune n'étant absolument exempte de tout défaut, mais chacune pouvant assurer la paix et le bien-être des citoyens, pourvu que le pouvoir soit géré correctement[1].

« PASCEBAMQUE ANIMUM CHARTIS IMITANTIBUS ORBEM » LA PASSION DE HOBBES POUR LA GÉOGRAPHIE

Il faut tout d'abord se souvenir de l'amour de Hobbes pour la géographie et les cartes géographiques. Dans son autobiographie en vers latins, Hobbes raconte l'époque où, étant étudiant au Magdalen Hall, à Oxford, ennuyé par les leçons centrées sur la philosophie scolastique, il se plaisait à étudier les cartes géographiques et les plans du globe terrestre :

> Moi, je me tourne vers les activités plus agréables et je reviens aux livres
> Que j'avais auparavant beaucoup étudiés sans les avoir bien compris.
> Je me nourrissais l'esprit avec des cartes – des images du globe,
> Voyant la face de la terre et les étoiles peintes,
> Je me réjouissais d'être le compagnon du soleil, de discerner
> Avec quel art il mesure exactement les jours pour tous les habitants de la Terre,
> Par quel fil Drake et Cavendish,
> Ont ceint Neptune par les milieux ; quels lieux ils ont atteints,
> De discerner les nids exigus des hommes, si je le pouvais,
> Et de voir les monstres peints en des lieux inconnus.
> Pour les géographes aussi l'espace est plein (...)[2].

Comme l'a souligné Lesley Cormack, dans les Universités d'Oxford et de Cambridge, au tournant des XVIe et XVIIe siècles, il y avait un intérêt croissant pour les disciplines à caractère géographique, identifiables principalement dans trois, à savoir: la géographie mathématique,

1. En effet, « (...) les citoyens peuvent être opprimés en tout type d'État (*in omni genere civitatis, cives opprimi possunt*) » (*De cive*, X, 2); Thomas Hobbes, *De cive. The Latin Version*, éd. H. Warrender, Oxford, Clarendon Press, 1983, p. 172; trad. fr. Ph. Crignon, *Du citoyen*, Paris, Flammarion, 2010, p. 221.

2. Th. Hobbes, « Vie en vers », dans J. Terrel, *Hobbes : vies d'un philosophe*, Rennes, Presses Universitaires de Rennes, 2008, p. 132-169, vv. 51-61, p. 137-138.

qui essayait de décrire le monde en termes arithmétiques et géométriques; la géographie descriptive, qui illustrait les endroits éloignés, leur politique et leur histoire; et finalement, la chorographie, qui se concentrait sur les endroits spécifiques et leurs événements historiques[1]. L'auteur explique comment « l'étude de la géographie aide les Anglais à identifier leur nation comme séparée des puissances continentales »[2], renforçant ainsi le sens du nationalisme.

Les Collèges d'Oxford où l'on étudie le plus la géographie sont Corpus Christi, Christ Church et St. John's; Magdalen Hall ne figure pas parmi eux, mais Hobbes développe de façon indépendante un intérêt considérable pour cette matière, comme en témoignent les vers cités ci-dessus, tirés de son autobiographie. Après tout, la géographie a pour objet le monde et ses habitants, elle exerce donc une fascination particulière sur le jeune Hobbes, qui est en train de mûrir un intérêt particulier pour l'histoire et la politique. Cet intérêt est témoigné par les appareils paratextuels de son premier travail de traduction publié: la traduction des *Histoires* de Thucydide, les *Eight Bookes of the Peloponnesian War* (1629). Comme l'a montré Luca Iori, les illustrations et les cartes ajoutées au texte de Thucydide constituent une « opération culturelle articulée, dans laquelle la philologie, l'érudition et l'instruction morale et politique étaient inséparablement liées et (...) identifiaient dans le présent le vrai horizon de référence des classiques »[3]. La *Mappe of Ancient Greece*, en particulier, est le résultat d'une reconstruction raffinée accomplie par Hobbes, « en croisant l'analyse textuelle et antiquaire avec la science cartographique et l'étude de l'histoire »[4].

Les livres de la bibliothèque des Cavendish à Hardwick Hall, dont beaucoup furent achetés à la demande de Hobbes lui-même, témoignent de l'intérêt croissant du philosophe de Malmesbury pour cette matière, même après son séjour à Oxford – on retrouve par exemple *Geography delineated forth in two bookes* par Nathanael Carpenter (1625)[5].

1. L. B. Cormack, *Charting an Empire. Geography at the English Universities, 1580-1620*, Chicago-London, The University of Chicago Press, 1997, p. 15.

2. *Ibid.*, p. 14.

3. L. Iori, *Thucydides Anglicus. Gli* Eight Bookes *di Thomas Hobbes e la ricezione inglese delle* Storie *di Tucidide* (*1450-1642*), Roma, Edizioni di Storia e Letteratura, 2015, p. 214.

4. Voir *ibid.* p. 194-214.

5. Nathanael Carpenter, *Geography delineated forth in two bookes*, Oxford, Printed by Iohn Lichfield & William Turner for Henry Cripps, 1625; voir R. Santi, *Etica della lettura e scrittura filosofia in Thomas Hobbes*, Padova, Cedam, 2013, p. 37.

LUCQUES ET CONSTANTINOPLE
DE GIOVIO A SANDYS : LES PROBABLES SOURCES DE HOBBES

À l'époque de Hobbes, deux visions se sont déjà consolidées dans les cercles intellectuels anglais à l'égard de Lucques et de Constantinople, selon lesquelles : la première est l'une des nombreuses villes-républiques italiennes[1], dans laquelle la liberté est considérée comme une valeur incontournable ; ses citoyens se consacrent aux activités manufacturières et au commerce à l'intérieur des murs de la ville, tandis que dans le soi-disant « contado » (le territoire rural environnant) on cultive la terre et on élève les animaux (un peu comme le narrait Lorenzetti dans sa fresque représentant les effets du Bon Gouvernement dans le Palais Public de la Sienne voisine) ; la seconde, par contre, est connue comme étant le cœur même, la plaque tournante et la force vive de l'Empire turc, un empire caractérisé par une étendue géographique immense et donc aussi par une complexité considérable du point de vue ethnique, historique, culturel et linguistique ; sa structure centralisée doit faire face à cette diversité culturelle[2], et les Sultans n'ont aucun scrupule à utiliser des méthodes extrêmes, à tel point qu'ils étaient vus par les Occidentaux comme des tyrans cruels et rusés.

Selon l'un des contemporains de Hobbes, Robert Brerewood, dans ses *Enquiries* (1614), ce qui agissait comme le trait d'union au sein d'une réalité aussi variée et complexe que l'Empire turc est aussi la diffusion de la langue arabe, qui était enseignée dans les écoles et utilisée dans les textes religieux :

> [Dans les parties nord-africaines et moyen-orientales de l'Empire] la langue *arabe* est devenue la langue vernaculaire, même si elle apparaît corrompue et variée dans ses dialectes, comme il est impossible qu'elle ne soit pas dans des nations si différentes. (...) Mais aussi dans la partie nord de l'Empire *turc*, bien que ce ne soit pas la langue vernaculaire, elle est quand même connue par beaucoup, soit parce que toute leur religion est écrite en arabe, soit parce qu'elle est enseignée à tous les enfants qui vont à l'école, de même que nous, dans nos écoles, enseignons aux enfants le *grec* et le *latin*. De sorte que tous les *Turcs* écrivent leur langue en utilisant les caractères *arabes*. Par conséquent, les langues communes de l'Empire *turc*

1. Sur l'histoire de Lucques, voir M. Berengo, *Nobili e mercanti nella Lucca del Cinquecento*, Turino, Einaudi, 1965 ; voir aussi D. Waley, *The Italian City-Republics*, London-New York, Longman, 1988 (3e éd.).

2. Voir S. Faroqhi, *Subjects of the Sultan. Culture and Daily Life in the Ottoman Empire*, London-New York, I. B. Tauris, 2005.

ce sont le *slave*, le *grec*, le *turc* et l'*arabe*, parlés dans les différentes régions que je viens de mentionner ci-dessus [1].

L'Empire est perçu comme étant maintenu uni également par le joug des sultans, qui n'hésitent pas à avoir recours à leur force militaire. Dans l'ouvrage *Anatomy of Melancholy* de Robert Burton (1624), par exemple, il y a quand même des descriptions de la cruauté des tyrans turcs, qui asservissent les peuples en les conquérant et en les annexant par la force à l'Empire, pour ensuite les obliger à supporter perpétuellement le joug écrasant de la servitude: « Egypt, another paradise, now barbarous and desert, and almost waste by the despotical government of an imperious Turk, *intolerabili servitutis jugo premitur* » [2].

Dans l'imaginaire anglais, les actions abjectes et cruelles des sultans turcs se révélaient particulièrement odieuses, car elles étaient en contraste avec l'idée du roi-philosophe et du prince vertueux, qui s'était imposée au sein de la pensée politique de la Renaissance sous le long règne d'Élizabeth Ire, la reine qui incarnait toutes les vertus exaltées par l'humanisme philosophique et chrétien, comme pour atteindre la perfection : « her unspeakable perfection in all things » (sa perfection indicible en toutes choses), comme l'affirmait l'éloge inséré par William Petty dans sa traduction de la *Civil Conversazione* de Stefano Guazzo [3].

C'est à Richard Knolles, le futur traducteur de la *République* de Bodin, que l'on doit la rédaction de *The generall historie of the Turkes* (1603) [4], probablement élaborée sur le modèle de l'ouvrage de Paolo Giovio [5], *Commentario de le cose de' Turchi* (1532) [6], et conçue comme une

1. Edward Brerewood, *Enquiries touching the diversity of Languages, and Religions through the chiefe parts of the world*, London, Printed for Iohn Bill, 1614, p. 61-62.

2. R. Burton, *The Anatomy of Melancholy*, éd. H. Jackson, W. H. Gass, New York, New York Review of Books, 2001, p. 81.

3. *The Civile Conversation of M. Steeven Guazzo. The First Three Books Translated by George Pettie, Anno 1581, and the Fourth by Barth. Young, Anno 1586*, 2 vol., éd. Sir E. Sullivan, London-New York, Constable & co., 1925, p. 201.

4. Richard Knolles, *The generall historie of the Turkes*, London, Printed by Adam Islip, 1603.

5. Sur Giovio, voir L. Michelacci, « La nostalgia dell'altro », introduction *in* L. Michelacci (ed.), Paolo Giovio, *Commentario de le cose de' Turchi*, Bologna, Clueb, 2005, p. 7-68 ; et E. Pujeau, *L'Europe et les Turcs. La croisade de l'humaniste Paolo Giovio*, Toulouse, Presses Universitaires du Midi, 2015. Sur les livres en français qui ont pour sujet les Turcs, voir F. Tinguely, *L'écriture du Levant à la Renaissance. Enquête sur les voyageurs dans l'empire de Soliman le Magnifique*, Genève, Droz, 2000.

6. On a souligné la rigueur et la neutralité de l'analyse de Govio : le sultan Soliman, par exemple, est considéré comme un ennemi, mais son « portrait moral » révèle « une certaine

extension et un approfondissement de la traduction anglaise faite par Ashton, qui avait été publiée quatorze ans après la version originale de Giovio, sous le titre *A shorte treatise upon the Turkes chronicles* (1546)[1]. L'histoire de Knolles serait rééditée encore quatre fois entre 1610 et 1638[2], ce qui témoigne de l'intérêt pour cette matière – un intérêt dont les raisons (« ce sont dcs choses qu'il faut absolument connaître [*which are most necessarie to be known*], surtout en cette période, à cause de la guerre actuelle en Hongrie ») sont même expliquées dans le titre de la traduction de Soranzo, publiée, elle aussi, en 1603[3].

Tout comme le texte de Giovio, celui de Knolles est structuré – après une présentation générale de l'histoire des Turcs – en une séquence de portraits présentant les grands sultans turcs, dont on raconte la montée au pouvoir et les principales actions politiques et entreprises de conquête. Comme on peut le déduire, entre autres, du portrait de Soliman le Magnifique, la ville de Constantinople constitue la plaque tournante offrant le point de départ de toutes les campagnes de guerre : c'est d'ici que Soliman part pour aller conquérir de nouveaux territoires, et c'est ici aussi qu'il retourne victorieusement, à la fin des expéditions militaires[4]. Knolles

admiration de Govio », voir E. Pujeau, *L'Europe et les Turcs*, *op. cit.*, p. 82 et p. 102-103. L'auteur cite sa traduction française du portrait moral de Soliman le Magnifique : « Il a une connaissance étonnante de toutes choses, il est orné de nombreuses qualités, et les vices notables lui font défaut, comme la cruauté, l'avarice et l'infidélité, que présentaient Sélim, Bâyezîd et Mehmed, ses prédécesseurs. Il est par-dessus tout religieux et généreux, ces deux qualités le font se tourner volontiers vers le ciel, car la religion est mère de la justice et de la tempérance. La libéralité achète l'âme des soldats et sème l'espoir d'une récompense assurée dans toutes les conditions des hommes qui cherchent par vertu à s'élever à une meilleure fortune » (*ibid.*, p. 103).

1. Paolo Giovio, *A shorte treatise upon the Turkes chronicles*, trad. angl. P. Ashton, London, Edwarde Whitchurch, 1546. Voir aussi la traduction par J. Shute d'Andrea Cambini, *Two very notable Commentaries of the Originall of the Turkes*, London, S. Omers & F. J. Heigham, 1562. Sur les traductions anglaises, voir P. Burke, « Modern History and Politics », *The Oxford History of Literary Translation in English*, vol. 2 : *1550-1660*, éd. G. Braden, R. Cummings, S. Gillespie, Oxford, OUP, 2010, p. 312-321.

2. A. W. Pollard et G. R. Redgrave, *A Short-title Catalogue of Books Printed in England, Scotland & Ireland. And of the English Books Printed Abroad, 1475-1640*, London, The Bibliographical Society, 1946, p. 338.

3. Lazaro Soranzo, *The Ottoman of Lazaro Soranzo. Wherein is delivered as well a full and perfect Report of the might and power oh Mahomet the third, Great Emperor of the Turkes now raigning (...) as also a true description of divers Peoples, Countries, Citties and Voyages, which are most necessarie to be known, especially at this time of the present Warre in Hungarie*, trad. angl. A. Hartwell, London, Imprinted by Iohn Windet, 1603.

4. Richard Knolles, *The Turkish History, Comprehending the Origin of that Nation, and the Growth of the* Othoman *Empire, with the Lives and Conquests of their several Kings and*

relance et, en même temps, semble critiquer l'idée, très controversée, de l'origine troyenne des Turcs :

> L'origine des Turcs est tellement obscure, que ni eux-mêmes ni leurs meilleurs Historiens ne parviennent à comprendre avec certitude d'où faire remonter leur origine. Certains – mais cela se dit de nombreuses Nations – plaident la dérivation des Turcs des *Troyens* (…)[1].

Un autre ouvrage très célèbre, dans lequel est racontée l'histoire des Turcs et de la capitale de leur Empire, Constantinople, est le compte rendu de voyage en quatre tomes, *A Relation of a Journey begun An. Dom. 1610*, publié en 1615 par George Sandys[2] – qui, entre 1621 et 1637, serait réédité en quatre éditions[3]. La description de l'Empire turc et de son histoire occupe la majeure partie du tome premier.

Comme l'a souligné tout récemment Jerry Toner[4], Sandys se voyait dans la nécessité de décrire les coutumes de peuples lointains en des termes qui soient compréhensibles – c'est-à-dire non complètement inconnus, bien au contraire, tout à fait reconnaissables – au lecteur anglais ; il a donc choisi de comparer les Turcs aux Troyens d'Homère. De même que les Troyens s'opposaient aux Grecs dans l'Antiquité, les Turcs s'opposaient aux Européens et aux Anglais dans le présent.

Dans le frontispice du livre, « Sandys utilise l'image d'un sultan tyrannique pour souligner le fait qu'un roi anglais ne pourrait jamais être un tyran, même si c'est justement cela que certains accusaient Jacques Ier d'être. Sandys était un Royaliste, et le livre est en fait dédié au fils de Jacques Ier, Charles »[5] – et Charles Ier lui-même, un peu plus de trente ans plus tard, serait décapité au motif qu'il était un tyran, une accusation qui fut soutenue par John Milton justement par des arguments tirés de l'Antiquité classique. Dans la brève dédicace *To the Prince*, Sandys fait référence aux

Emperors. Written by Mr. Knolles, and Continu'd by (…) *Paul Rycaut* (…) *in the Year 1699. And Abridg'd by Mr. Savage*, vol. I, London, Printed for Isaac Cleave, Abel Roper, A. Bosville, & Ric. Basset, 1701, p. 249-323.

1. Richard Knolles, *The Turkish History*, p. 1.

2. George Sandys, *A Relation of a journey begun An. Dom. 1610. Foure bookes. Containing a description of the Turkish Empire, of Aegypt, of the Holy Land, of the remote parts of Italy, and ilands adioyning*, London, Printed for W. Barrett, 1615.

3. A. W. Pollard et G. R. Redgrave, *A Short-title Catalogue of Books*, *op. cit.*, p. 503.

4. J. Toner, *Homer's Turk. How Classics Shaped Ideas of the East*, Cambridge (MA)-London, Harvard UP, 2013.

5. *Ibid.*, p. 84.

nations « réduites à la servitude » (*reduced to servitude*)[1] après la conquête turque et écrit :

> Ces nations, autrefois si glorieuses et célèbres pour leur état heureux, sont maintenant devenues, entre le vice et l'ingratitude, le spectacle le plus déplorable de l'extrême misère humaine : en fait, les bêtes sauvages du genre humain ont fait irruption parmi eux, en extirpant toute la civilisation ; et l'orgueil d'un Tyran sévère et barbare possède les trônes d'un domaine ancien et juste[2].

Malgré l'attitude de fond vers *the Turks*, qui reste négative, dans ses descriptions de l'histoire, des coutumes et traditions, de la religion et, en général, de la culture des Turcs, Sandys essaie de maintenir une certaine objectivité et, dans certains cas, semble même trouver des éléments positifs :

> Parmi les commandements *turcs*, il y en a un qui est tiré à l'origine de notre Sauveur, *fais pas à autrui ce que tu ne voudrais pas qu'on te fît*, et sur celui-ci se fonde une grande partie de leur justice civile, ceux-là ne différant pas beaucoup des lois de *Moïse*[3].

Constantinople est présentée dans toute sa splendeur :

> Cette Ville, par le destin nommée et par la nature située pour la Souveraineté (*for Souveraigntie*), fut d'abord le siège des Empereurs *romains*, puis des *Grecs*, comme elle est maintenant celui des *Turcs* (...)[4]. On dit que *Constantinople* contient sept cent mille habitants, dont la moitié sont des *turcs* et l'autre moitié sont des *juifs* et des chrétiens, ceux-ci étant surtout des *grecs*[5].

Particulièrement intéressantes s'avèrent les observations de Sandys sur les sciences et les arts, ainsi que le rapprochement des Turcs aux Épicuriens, c-à-d. les philosophes de l'ancienne pensée occidentale considérés comme plus antichrétiens :

> Pour ne dire qu'un ou deux mots sur leur science et leurs trafics : certains d'entre eux possèdent une petite connaissance dans la Philosophie. La nécessité leur a enseigné la Physique, qu'ils ont acquise plus par voie expérientielle que par le biais des fondements de l'Art. Ils possèdent quelques concepts d'Astronomie et beaucoup d'entre eux se donnent la

1. G. Sandys, *A Relation of a journey begun An. Dom. 1610*, *op. cit.*, p. [A3].
2. *Ibid.*, p. A2-[A3].
3. *Ibid.*, p. 62.
4. *Ibid.*, p. 20-30.
5. *Ibid.*, p. 77.

> peine de chercher à pronostiquer la fortune. (…) En Poésie, ils sont doués. (…) Ils n'étudient pas la Rhétorique, étant suffisamment instruits dans ce domaine par leur propre nature ; et la Logique non plus, puisqu'elle sert à fourvoyer comme à informer et cette sagesse (conformément à l'avis des Épicuriens) peut être comprise dans des expressions linéaires et directes. Il y a parmi eux certains qui écrivent des histoires, mais peu qui les lisent, pensant que personne ne peut écrire la vérité sur le passé, parce que personne n'ose écrire la vérité sur le présent. La Presse, ils la rejettent, peut-être de peur que, avec l'universalisation du savoir, leur politique et leur religion seraient bouleversées, celles-ci se basant sur de faux fondements, alors qu'elles sont beaucoup mieux préservées avec une obéissance fondée sur l'ignorance (…)[1].

L'ombre d'Homère est toujours présente, pour donner un sens à des éléments qui seraient étrangers, comme le souligne Toner[2] en citant le passage où Sandys fait référence à la figure de Paris[3]. Comme on le sait, les poèmes homériques constituent une référence culturelle importante pour Hobbes, comme le montre le fait que lui, dans sa vieillesse, a traduit les deux entièrement en anglais. Sa traduction de l'*Iliade* et de l'*Odyssée*, loin d'être littérale, se caractérise par l'interprétation[4]. Hobbes s'efforce de faire émerger les aspects pour ainsi dire « hobbesiens » des personnages homériques et des situations et intrigues dans lesquelles ils sont impliqués. Agamemnon, par exemple, incarne le modèle de la figure du souverain, à qui les sujets doivent obéissance : « Though *Agamemnon* be the man you dread, / Who is of all the Army most obey'd »[5].

1. G. Sandys, *A Relation of a journey begun An. Dom. 1610*, *op. cit.*, p. 72.
2. J. Toner, *Homer's Turk. How Classics Shaped Ideas of the East*, *op. cit.*, p. 3-5.
3. G. Sandys, *A Relation of a journey begun An. Dom. 1610*, *op. cit.*, p. 51.
4. Voir A. Catanzaro, *Hobbes e Omero : una traduzione "politica" ?*, Scandicci, Centro Editoriale Toscano, 2015 ; voir aussi E. Nelson, *General Introduction*, *in* Thomas Hobbes, *Thanslations of Homer*, 2 vol., éd. E. Nelson, Oxford, Clarendon Press, 2008, vol. 1, p. XI-LXXVI.
5. Th. Hobbes, *Homer's ILIADS IN ENGLISH. By THO. HOBBES of Malmesbury. To which may be added Homer's ODYSSES Englished by the same Author*, London, Printed by J. C. for William Crook, 1676, p. 3.

LES OUVRAGES SUR LES VILLES DE GIOVANNI BOTERO LA SOURCE PRINCIPALE DE HOBBES ?

Tous les ouvrages mentionnés ci-dessus constituent les lectures qui, avec les écrits de Giovanni Botero, que nous allons tout de suite prendre en examen, sont susceptibles d'avoir vraisemblablement influencé davantage Hobbes dans son choix conscient d'assimiler deux réalités si différentes et habituellement perçues comme opposées, à savoir les villes de Lucques et de Constantinople.

Giovanni Botero est surtout connu pour son ouvrage *Della Ragion di Stato* (1589). Mais dans ce cas précis, ce sont deux autres écrits à avoir fourni une source importante pour Hobbes : *Delle cause della grandezza delle città* (1588) et les *Relazioni universali* (1591). Dans les deux ouvrages Botero s'arrête, avec quelques observations intéressantes, sur les villes de Lucques et de Constantinople. Il ne les met pas directement en relation et en comparaison, comme le fera par contre Hobbes dans le *Léviathan*, mais il fournit les points de repère et les idées pour les identifier comme deux réalités politiques qui sont emblématiquement antithétiques, dans le sens que l'on va bientôt mieux expliquer.

Dans le deuxième livre du *Delle cause della grandezza delle città*[1], Lucques apparaît (avec Pise, Sienne, Gênes, Florence et Brescia) parmi les exemples de villes dont la croissance – identifiée dans l'augmentation démographique, dans la richesse économique et dans le développement architectural urbain (« magnificence d'édifices »)[2] – va de pair avec l'augmentation de la « domination », c.-à-d. du territoire dans lequel la ville peut exercer « la seigneurie et la principauté »[3]. Il est utile de noter que la traduction anglaise du passage de Botero change considérablement dans les deux versions, à savoir celle de 1606 et celle de 1635, éditées respectivement par Robert Peterson et Sir Thomas Hawkins[4]. En ce qui concerne le

1. Giovanni Botero, *Delle cause della grandezza delle città*, éd. R. Descendre, Roma, Viella, 2016.

2. *Ibid.*, p. 100.

3. *Ibid.*

4. Giovanni Botero, *A Treatise, Concerning the causes of the Magnificencie and Greatnes of Cities. Devided into three books*, trad. angl. R. Peterson, London, Printed by T. P[urfoot] for Richard Ockould & Henry Tomes, 1606 et *id.*, *The Cause of the Greatnesse of Cities. Three Bookes. With Certaine Observations concerning the Sea*, trad. angl. Sir T. H[awkins], London, Printed by E. P[urslowe] for Henry Seile, 1635.

terme italien « dominio » (« domination »)[1], qui est un concept clé (au début de *Della Ragion di Stato*, Botero affirme que « l'État est une domination ferme sur les peuples »)[2], dans la version de 1635, Hawkins opte pour une traduction littérale, en le traduisant par « dominion »[3], alors que dans l'édition précédente Peterson avait décidé de préciser le sens de « dominio » en utilisant l'expression beaucoup plus articulée « a supreme Authority and power »[4].

Dans le même livre du *Delle cause della grandezza delle città*, Botero s'arrête aussi sur Constantinople, dont il fournit une brève description, dans le but de prouver sa thèse selon laquelle c'est « la résidence des princes »[5] qui rend les villes grandes. Constantinople, en fait, est une « ville vraiment magnifique » (*magnificentissima città*)[6], en plus de son emplacement géographique splendide et unique, située entre l'Orient et l'Occident, justement du fait qu'elle est très peuplée (même si cela provoque souvent des épidémies de peste…), ayant été le siège impérial à l'époque des Romains et étant encore le siège de l'Empire Ottoman : « elle s'est préservée dans sa grandeur et majesté grâce à la résidence du Grand Turc »[7]. Botero conclut son discours sur Constantinople en mettant l'accent sur le fait qu'elle est à plein titre l'une des premières villes européennes, ceci pour toute une série de raisons, à savoir : pour la beauté du lieu qu'elle occupe, pour le commerce maritime rendu possible par le port et par la « commodité de la mer » (*commodità di mare*), pour le nombre de

1. Dans le dictionnaire anglo-italien de John Florio, on trouve pour « Dominazione », « domination, government, lordship » et pour « Dominare », « to rule, to governe, to domineere, signorize or swaie », voir John Florio, *A Worlde of Wordes, or Most copious, and exact Dictionarie in Italian and English*, London, Printed by Arnold Hatfield for Edw. Blount, 1598, p. 112 ; la dérivation est latine et dans le dictionnaire de Thomas Elyot, on trouve pour « Dominium », « a lordship or rule over other » et pour « Dominus », « a lord or master, to whom other doo service », voir Thomas Elyot, *The dictionary of syr Thomas Eliot knyght*, London, In aedibus Thomae Bertheleti typis impress., 1538, *voces*.

2. Giovanni Botero, *Della Ragion di Stato*, éd. P. Benedittini, R. Descendre, Turino, Einaudi, 2016, p. 11.

3. *Id.*, *The Cause of the Greatnesse of Cities*, *op. cit.*, p. 107 : « A most important thing to purchase Greatnesse to a Place, is Dominion : For this implyeth, dependence ; dependence, concourse ; and concourse, Greatnesse ».

4. *Id.*, *A Treatise, Concerning the causes of the Magnificencie and Greatnes of Cities*, *op. cit.*, p. 60 « The greatest meanes to make a Citie populous and great is to have a supreme Authority and power : For, that draweth dependency with it, And dependency, concourse, & concourse greatnes ».

5. *Id.*, *Delle cause della grandezza delle città*, *op. cit.*, p. 112.

6. *Ibid.*, p. 113.

7. *Ibid.*

ses habitants et « pour la résidence du Grand Turc », avec toute sa cour et ses imposantes milices[1].

L'analyse menée jusqu'ici met en évidence le fait que les deux villes, Lucques et Constantinople, sont toutes deux caractérisées par une population élevée, proportionnelle à l'étendue de leurs domaines respectifs, et par le bien-être économique; par conséquent, tout en étant différentes à bien des égards, on peut quand même les définir toutes deux comme « grandes » dans le sens précisé par Botero. Dans les *Relazioni universali* (*Relations universelles*), publiées trois ans après, à savoir en 1591[2], cette vision ne change guère, même si Botero adopte une autre perspective en mettant en évidence d'autres détails. L'ouvrage est traduit en anglais par Robert Johnson et paraît en 1601 sous le titre de *The Travellers Breviat, Or an historical Description of the most famous Kingdomes*, pour être ensuite réédité par John Jaggard non moins de sept fois[3] (sous des titres légèrement différents), jusqu'à la version élargie de 1630, *Relations, of the most famous Kingdomes and Common-wealths throughout the World*[4], qui contient également une carte du monde et une table des nations.

Dans cet ouvrage sont décrites deux villes très différentes. Lucques est décrite comme un petit État au cœur de la Toscane, littéralement entouré des domaines du Duc de Florence, qui se fait appeler le Grand-Duc de Toscane, mais sans que cela lui revienne de plein droit, car son territoire ne s'étend pas également sur Lucques :

> Les princes voisins sont tous jaloux de lui [du Grand-Duc de Toscane] en même temps qu'il l'est vis-à-vis d'eux, et ils sont tous circonspects (*watchfull*) les uns vers les autres. Mais le plus grand objectif (*the greatest eye-fore*) est pour le Duc l'État de *Lucques*, qui est situé en *Toscane*, entouré sur toute sa longueur (égale à cinquante miles) précisément des domaines du Duc. Cela fait en sorte qu'ils [les Lucquois] se voient obligés de faire face continuellement à des dépenses considérables pour le maintien de leurs garnisons et de se placer sous la protection des Espagnols. En fait, c'est bien la crainte de ceux-ci qui retient le Duc de la tentative de conquête

1. *Ibid.*

2. Voir Giovanni Botero, *Le relazioni universali*, 2 vol., éd. B. A. Raviola, Turino, Nino Aragno, 2015.

3. A. W. Pollard, G. R. Redgrave, *A Short-title Catalogue of Books*, *op. cit.*, p. 72-73.

4. Giovanni Botero, *Relations, of the most famous Kingdomes and Common-wealths throughout the World: Discoursing of their Situations, Religions, Languages, Manners, Customes, Strengths, Greatnesses and Policies*, trad. angl. R. Johnson, London, Printed by Iohn Hauiland, sold by Iohn Partridge, 1630.

> de leur État; s'il parvenait à l'obtenir, ce n'est qu'alors qu'il pourrait vraiment signer comme le *Grand-Duc de Toscane*[1].

Si Lucques se trouve dans un état de siège perpétuel (même si elle restera libre jusqu'à l'invasion napoléonienne, soit jusqu'en 1799), Constantinople, en revanche, dispose d'un domaine très vaste, qui semble s'étendre sans limites (« Such shares of the Worlds vastenesse (…) »)[2]. Il ne s'agit pas du tout d'un petit centre urbain, mais, contrairement à Lucques, d'une véritable métropole :

> *Constantinople*, une Ville qui dépasse toutes les villes d'Europe en nombre d'habitants. En fait, il est estimé qu'une population de sept cent mille âmes y résident, ce qui – si c'était vrai – serait égal à près de deux fois plus que la population de *Paris*[3].

De plus, la forme de gouvernement n'est pas la forme républicaine, mais elle se base sur un rapport strict entre le maître et le serviteur, où le sultan, « grand Seignior », prend tous les traits du tyran traditionnel : « the forme of Government, which is merely tyrannicall » ; un tyran qui a élu Constantinople à sa résidence privilégiée[4]. Même Sandys, comme Botero, attribue à Constantinople une population de sept cent mille habitants, ce qui suggère qu'il pourrait avoir lu les *Relazione universali*. Botero était sans aucun doute connu par Hobbes, qui en avait catalogué de nombreux ouvrages pour la Bibliothèque de Hardwick[5], et pourrait avoir constitué sa principale source pour imaginer une corrélation entre la petite Lucques républicaine, en état de siège constant, et la grande Constantinople monarchique, en constante expansion – une vision originale qui sous-tend le choix conscient de les rapprocher. Mais pourquoi Hobbes aurait-il donc besoin de mettre en relation – ce qui ne se passe pas chez Botero ni chez les autres auteurs pris en examen – ces deux villes ? Et quel sens cette opération a-t-elle au sein de son discours politique ?

1. Giovanni Botero, *Relations, of the most famous Kingdomes and Common-wealths throughout the World, op. cit.*, p. 329.
2. *Ibid.*, p. 505 ; sur la *Turkie* voir le quatrième livre, p. 505-563.
3. *Ibid.*, p. 507.
4. *Ibid.*, p. 510.
5. Voir R. Santi, *Etica della lettura, op. cit.*, p. 41-42.

L'ERREUR DES MODERNES DANS LE SILLAGE DES ANCIENS *CIVITATIS LIBERTAS* ET *LIBERTAS CIVIUM*

Hobbes veut prouver que ses contemporains se trompent quand ils veulent attribuer à chaque citoyen individuellement une *liberté* qui appartient uniquement au représentant souverain, car celui-ci personnifie le *Commonwealth*; d'ailleurs, la comparaison entre Lucques et Constantinople, leur identification paradoxale, est justement en fonction de cela.

Pour résumer d'une manière synoptique : dans l'imaginaire commun des lecteurs cultivés de l'Europe occidentale, Lucques et Constantinople se distinguent par les caractéristiques suivantes :

LUCQUES	CONSTANTINOPLE
Synonyme de liberté	Synonyme de tyrannie et de servitude
Républicaine	Monarchique
Petite (centre urbain et « contado »)	Grande (métropole et capitale d'un immense empire)
Constamment exposée au risque de perdre son indépendance (risquant d'être annexée par Florence).	Centre névralgique d'un empire en expansion (absorbant d'autres réalités : c'est le cas, par exemple, de la Hongrie).

En rapprochant ces deux réalités de ville, clairement perçues comme antithétiques à plusieurs niveaux, Hobbes est conscient de créer un effet rhétorique d'un plus grand impact psychologique sur le lecteur, en jouant sur des éléments d'oxymore et d'hyperbole : 1) micro/macro dialectique, par rapport aux dimensions de Lucques et de Constantinople ; 2) processus expansif de conquête *versus* condition d'état de siège perpétuel et sensation constante d'être entourée par l'ennemi ; 3) enfin, dans un sens politique, forme de gouvernement républicain (en termes hobbesiens : démocratique) *versus* forme de gouvernement monarchique avec connotation de tyrannie (mais il ne faut pas oublier que pour Hobbes la tyrannie n'est pas une forme de gouvernement, mais seulement une connotation péjorative de la monarchie).

Pourquoi Hobbes choisit-il Lucques et non la République de Venise, qui est beaucoup plus célèbre en Angleterre et en Europe ? Venise avait mis en place elle-même des processus d'expansion dans la Méditerranée, et donc le contraste avec Constantinople aurait été beaucoup plus adouci de ce point de vue, se voyant, en définitive, réduit à la différence entre leurs formes de gouvernement. Hobbes choisit Lucques pour exaspérer l'effet rhétorique de la comparaison entre les deux villes et donc pour rendre plus efficace, en l'universalisant à des réalités complètement opposées entre elles, l'analogie (même la liberté) dans la différence. En bref, si le lecteur en arrivait à se convaincre que la liberté était la même dans la métropole puissante de Constantinople et dans la petite et vulnérable ville de Lucques, ce faisant, il parviendrait également à se persuader que la liberté est toujours la même partout.

Hobbes en est convaincu au moins depuis les années 1640. En fait, déjà dans la première version du *De Cive*, publiée en 1642, on lit :

> Car même si le mot *Liberté* est inscrit aux portes et aux tours d'une Cité avec des caractères aussi grands qu'on voudra, il ne s'agit pas de liberté du *citoyen* mais de celle de la *Cité*, et ce mot n'a pas de meilleur droit à être inscrit en un État gouverné par le *peuple* plutôt que par un *monarque* [1].

Dans le *Léviathan* (1651), dans un contexte différent – à savoir dans le chapitre important sur la *Liberté des sujets*, qui ne figurait pas dans ses ouvrages antérieurs –[2] il ajoute, comme on l'a vu, l'*exemplum* de Lucques et de Constantinople, pour accentuer l'effet rhétorique et faire en sorte que le lecteur n'ait pas de doute. Puis, plusieurs années plus tard, dans la version latine du *Léviathan* (1668), il réitère le même concept et peut-être l'explique encore mieux en faisant référence aux lois civiles :

> Aucun Athénien ou aucun Romain n'était-il *libre* (à l'égard des *lois*) : c'est leurs cités qui l'étaient. Le mot de LIBERTAS est inscrit en grandes lettres sur les portes et les murs de la ville de *Lucques* : néanmoins, aucun habitant de Lucques ne jouit de plus de liberté qu'un habitant de Constantinople : on est lié, dans les deux endroits, par les lois civiles [3].

1. Hobbes, *De cive. The Latin Version*, *op. cit.*, X, 8, p. 176 ; *Du citoyen*, *op. cit.*, p. 226.

2. Voir Y. C. Zarka, « Puissance et liberté. De la métaphysique à la politique chez Hobbes », dans *id.* (éd.), *Liberté et nécessité chez Hobbes et ses contemporains. Descartes, Cudworth, Spinoza, Leibniz*, Paris, Vrin, 2012, p. 7-24.

3. Hobbes, *Lev latin*, XXI, p. 172.

Pour Hobbes, il ne s'agit donc pas de la *libertas civium*, mais de la *Civitatis libertas* : c'est la liberté de la Ville (ou de l'État), entendue comme une entité politique souveraine et non pas des citoyens considérés en tant qu'individus. Admettre le contraire, en fait, signifierait que les individus sont exemptés de la loi et que, par conséquent, ils ne sont pas tenus d'obéir aux lois civiles; mais ceci, pour Hobbes, équivaut à retomber dans la condition de nature, avec la reprise de l'état de guerre – une guerre qui, même si elle n'est pas en cours, menace constamment d'éclater.

La *Civitatis libertas* concerne n'importe quelle forme de gouvernement, car dans le système hobbesien, toute forme de gouvernement – la démocratie, l'aristocratie, la monarchie – est acceptable, à condition qu'il soit bien clair chez qui réside la souveraineté (c.-à-d. le roi ou l'assemblée souveraine) et que le pouvoir soit géré d'une façon non-fragmentée mais unitaire – sous peine de discorde, dissolution de l'État et rechute dans la guerre de tous contre tous. Bien qu'il n'existe aucune recette qui fournisse les ingrédients pour un gouvernement parfait, sans *incommodities*, Hobbes croit avoir fourni, dans le *Léviathan*, des indications politiques capables de garantir la sécurité et le bien-être, au moins à l'intérieur des frontières d'un État. Parmi les États, est en vigueur la condition de nature.

LA GUERRE PRÉVENTIVE CHEZ HOBBES ET SES IMPLICATIONS DANS LE *JUS AD BELLUM* CONTEMPORAIN

Maira DOS SANTOS MATTHES DA COSTA *

LA GUERRE PRÉVENTIVE, PHÉNOMÈNE LÉGITIME ET RATIONNEL D'APRÈS THOMAS HOBBES

En 1624, Francis Bacon écrivait un traité adressé au Prince Charles, le fils de James Ier, dans lequel il plaidait pour la réouverture de la guerre contre l'Espagne. Néanmoins, au moment où Francis Bacon écrivait son traité, l'Espagne ne préparait aucune attaque offensive contre le Royaume-Uni. Il ne s'agissait plus de se défendre d'une attaque contre l'*Armada*, comme cela fut le cas en 1588, mais contre une attaque qui s'avérait hautement *probable* étant donné les ambitions impérialistes du royaume espagnol. Sans attaque imminente prévue, Francis Bacon soutint une argumentation en faveur de ce qui est appelé aujourd'hui *une guerre préventive*, c'est-à-dire, une guerre qui est menée en vue d'une menace d'une attaque future censée se passer à une date indéterminée.

Pour une définition de la guerre préventive, il nous faudrait ajouter à l'idée de défense contre une menace future probable mais non imminente, une rationalisation de type conséquentialiste comme suit : il est bénéfique d'attaquer plus tôt qu'attaquer plus tard (ou se faire attaquer plus tard)

* PHILéPOL, Université de Paris.

Recherche doctorale financée par la CAPES (Coordination de Perfectionnement du Personnel Diplômé, Ministère de l'Éducation, Brésil). Je remercie également le Professeur Jennifer Welsh pour ses commentaires et certaines références bibliographiques.

parce que les chances de succès sont plus grandes et les dommages collatéraux (morts, blessés, victimes) moins nombreux. L'idée supposée par l'argument conséquentialiste est qu'attendre ne fera qu'augmenter les chances de l'adversaire et, en conséquence, augmenter les dommages collatéraux des deux côtés lors de l'affrontement armé. Attaquer en premier serait, en conséquence, une forme de réduction des coûts humains et économiques d'un conflit futur et probable[1].

D'un point de vue purement stratégique (où la guerre est pensée exclusivement en termes de conduite des opérations militaires), on notera que ce raisonnement figure dans la forme de « l'attaque surprise ». Clausewitz, dans la dernière partie du *De la Guerre*, nous apprend que l'usage de la surprise peut garantir un avantage militaire crucial pour les États plus faibles militairement[2]. En faisant la différence entre guerre offensive et guerre défensive, Clausewitz souligne que la dernière se définit par une « attente jusqu'au moment le plus favorable » alors que la guerre offensive est mieux comprise par l'action immédiate en réaction à notre expectative par rapport au futur. La guerre offensive est celle « où l'on prend avantage du moment présent, [elle] s'impose toujours quand l'avenir permet d'entrevoir une meilleure perspective pour l'ennemi, et non pour nous »[3].

Par rapport à ces définitions, on remarquera que la guerre préventive se présente *prima facie* comme un concept contradictoire, voire paradoxal[4]. À la limite, un vrai oxymore[5], vu qu'elle mélange dans un même concept

1. Le Président George W. Bush invoqua cette logique pour plaider en faveur de l'invasion de l'Irak : « If we know Saddam Hussein has dangerous weapons today-and we do-does it make any sense for the world to wait to confront him as he grows even stronger and develops even more dangerous weapons » (texte cité dans D. Luban, « Preventive War », *Philosophy and Public Affairs*, 32/3, 2004, p. 207-248, ici p. 220).

2. « (…) si ce petit État est tout à fait sûr que l'ennemi s'élancera contre lui, il peut et doit à coup sûr se servir de la défense pour se procurer un avantage initial. Il n'y a donc en tout cas aucun danger de perdre du temps » (C. von Clausewitz, *De la Guerre*, Paris, Éditions de Minuit, 1995, p. 700). Voir également l'analyse de H. Strachan : « Preemption and Prevention in Historical Perspective », *in* D. Rodin, H. Shue (dir.), *Preemption. Military Action and Moral Justification*, Oxford, OUP, 2007, p. 23-39, plus part. p. 23 et p. 25).

3. C. von Clausewitz, *De la Guerre*, *op. cit.*, p. 699-700. Si ces définitions sont utiles, il reste à préciser que selon Clausewitz la défensive l'emporte sur l'offensive sur le plan stratégique.

4. Voir J.-B. Jeangène Vilmer, « Guerre Préventive », dans B. Durieux, J.-B. Jeangène Vilmer, F. Ramel (éd.), *Dictionnaire de la Guerre et la Paix*, Paris, P.U.F., 2017, groupe de pages, plus part. p. 1080 ; et A. Colonomos, *Le Pari de la guerre. Guerre préventive, guerre juste ?*, Paris, Éditions Denoël, 2009, p. 28.

5. H. Hongju Koh, « Comment », *in* M. Doyle (ed.), *Striking First*, Princeton-Oxford, Princeton UP, 2008, p. 99-118, plus part. p. 101.

les notions opposées d'offense et de défense[1] de telle manière que l'offense est comprise comme un moyen de déployer la défense. Même compris comme un simple moyen, le statut offensif d'une défense anticipée pose problème et met en question le statut « défensif » même de l'attaque.

Deux éléments fondamentaux doivent donc être soulignés en ce qui concerne la guerre préventive : l'existence des menaces futures (qui ne sont pas des attaques imminentes) et l'avantage des bénéfices contre le coût de la guerre (moins de victimes si on attaque avant qu'après). Dans son traité adressé au Prince Charles, Francis Bacon évoque un troisième élément, à savoir, l'existence d'un *just fear,* une *juste crainte* : « As long as men are men (the sons, as poets allude, of Prometheus and not Epimetheus) and as long as reason is reason, a *just fear* will be a just cause of preventive war »[2]. Le philosophe anglais nous renvoie par là à un critère moral et psychologique – *a just fear* – qui pourrait s'offrir comme *casus belli* en l'absence d'une invasion ou d'une menace actuelle. Il rattache cela à la nature humaine (*as long as men are men*) et à la rationalité (*as long as reason is reason*).

Richard Tuck nous rappelle que les années 1620 ont été celles durant lesquelles Hobbes travailla avec Francis Bacon, lui faisant des notes et des traductions[3]. L'auteur suggère ainsi, qu'en vertu de la similitude du contenu de ce traité avec l'œuvre tardive de Hobbes, il serait probable que Hobbes ait écrit la première version de cet article pour son maître. Indépendamment du fait que Hobbes soit ou non l'auteur du texte[4], il reste qu'il est l'auteur qui a le plus approfondi l'idée que la *crainte* peut être considérée comme une cause légitime pour mener une guerre préventive[5]. Il nous faut donc regarder de plus près son argumentation.

1. Voir D. Luban, « Preventive War », art. cit., p. 213.

2. Francis Bacon, « Considerations touching a war with Spain », dans *The works of Francis Bacon,* vol. 14, éd. J. Spedding *et al.*, London, Longman and co. etc., 1874, p. 477.

3. R. Tuck, *The Rights of War and Peace. Political Thought and the International Order from Grotius to Kant,* Oxford, OUP, 1999, p. 127.

4. Delphine Thivet souligne que Hobbes utilisa l'expression latine « justus metus » pour signaler une situation qui pourrait invalider les conventions passées dans l'état de nature. Voir D. Thivet, *Une pensée hétérodoxe de la guerre. De Hobbes à Clausewitz*, Paris, P.U.F., 2010, p. 127.

5. Bien qu'on parle de « just fear », il faut remarquer que la manière dont Thomas Hobbes comprend le concept de légitime défense l'éloigne significativement de la tradition de la guerre juste. La guerre préventive fut en large partie rejetée par des représentants plus significatifs de cette tradition. L'exception plus importante à remarquer se retrouve dans l'œuvre d'Alberico Gentille. Voir A. Gentili, « The Advantages of Preventive War », *in* G. Reichberg, H. Syse, E. Begby (dir.), *The Ethics of War. Classics and Contemporary Readings*, Oxford,

Comme on le sait, Hobbes construit le modèle de l'état de nature pour décrire une condition hypothétique des comportements des hommes et des femmes à défaut de l'existence d'un pouvoir politique central. Il s'agit d'un type de situation anarchique où l'incertitude joue un rôle crucial dans les relations interindividuelles. En vertu du manque d'une autorité centrale investie de droit, une menace banale peut se transformer en une menace grave envers l'intégrité physique de l'individu. Dans les situations non-anarchiques où préside un État de droit, les peines sont un facteur de dissuasion. C'est ce facteur dissuasif des peines qui peut permettre, par exemple, qu'une petite menace comme le vol d'un portefeuille ne découle pas sur une menace plus grande comme le meurtre, étant donné que les peines encourues pour le meurtre sont souvent plus sévères que celles encourues pour le vol d'un portefeuille. Dans une situation non-anarchique où prévaut l'État de droit, l'incertitude devant les menaces est un problème qui relève donc du droit pénal, tandis que dans une situation de type anarchique, comme celle d'une guerre civile ou d'un conflit armé non international, aucun calcul conséquentialiste, qui a pour base la dissuasion par le coût d'une future sanction, ne saurait être pertinent. En l'absence d'institutions judiciaires à même de traduire en justice les infractions au droit à la vie et aux biens, le recours à la logique conséquentialiste basée sur la dissuasion par des sanctions devient inutile.

L'incertitude radicale de l'état de nature, ajoutée à l'égalité naturelle entre les hommes qui permet aux faibles de se prévaloir contre les forts grâce à la ruse, fait de la méfiance mutuelle une crainte justifiée et même prudente du point de vue de l'auto-préservation de l'individu. Ce sont donc les conditions adverses de cet état qui pousseraient l'individu à l'attaque préventive. Selon Hobbes, « au sein d'une si grande crainte mutuelle entre les hommes, il n'existe pas pour qui que ce soit de meilleur moyen de se protéger que de prendre les devants »[1].

Blackwell Publishing, 2006, p. 371-377. Toutefois, selon Gregory Reichberg, ni la pensée d'Alberico Gentilli ni celle qui lui ressemble au XXIe siècle, la « Bush Doctrine » devrait être conçue comme appartenant à la tradition de la guerre juste, mais comme une version de la théorie réaliste. Voir G. M. Reichberg, « Preventive War in Classical Just War Theory », *Journal of the History of International Law*, 9, 2007, p. 5-34.

1. Th. Hobbes, *Léviathan*, trad. fr. F. Tricaud, M. Pécharman, Paris, Vrin/Dalloz, 2004, p. 106. Pour la version anglaise : « from diffidence of one another, there is no way for any man to secure himself so reasonable as anticipation » (*id.*, *Leviathan* : *with selected variants from the Latin edition of 1668*, éd. E. Curley, Indianapolis-Cambridge, Hackett Publishing, 1994, p. 75).

L'attaque préventive est comprise par Hobbes comme une action *raisonnable* et même communément admise[1]. Si l'individu, dans l'état de nature, attaque avant qu'une menace soit complètement formée contre lui, c'est parce qu'il n'a pas de garantie que sa préservation dans l'être sera conservée autrement. S'ajoute à cela le fait qu'en vertu de la capacité des hommes de se représenter le futur et donc, leur propre mort[2], il se trouve qu'ils ont « le cœur rongé » par rapport à l'anxiété du temps à venir, ce qui détermine en grande mesure leur rapport au temps présent : « le cœur de l'homme qui regarde trop au loin est-il rongé sans répit, sauf durant le sommeil, par la crainte de la mort, du dénuement, des accidents fâcheux, ou par la morsure d'autres soucis »[3]. En vertu de l'égalité de nature entre les êtres humains et leur inéluctable anxiété devant leur représentation du futur • ce qui sépare leur nature de celle des animaux •, la guerre menée par méfiance, différente de la guerre menée par la quête de gloire, ne relève pas de l'irrationalité ou de la méchanceté. Elle est le fruit d'un simple calcul rationnel : si je ne mène pas une offensive maintenant, je serai *inévitablement* attaqué dans un futur qui est, certes, indéterminé, mais tout de même certain du fait de l'égalité de nature entre les êtres humains et leurs craintes et anxiétés réciproques. Donc, si X est une personne rationnelle et prudente, il attaquerait Y avant de se faire attaquer par lui dans un futur indéterminé mais certain.

L'attaque préventive ne serait pas seulement raisonnable. Elle relève également d'un *droit* personnel de l'individu. Le célèbre passage du chapitre XIV § 4 du *Léviathan* asserte que « chacun est gouverné par sa propre raison et qu'il n'est rien qui ne puisse être utile à un homme, un jour ou l'autre, pour défendre sa vie contre un ennemi, il s'ensuit que dans la condition naturelle des hommes il existe un droit de tous sur toutes choses,

1. Comme le souligne Yves Charles Zarka : « C'est la dynamique des relations interindividuelles, et non la constitution interne de l'individu, qui transforme, par souci de sécurité, le désir de persévérer dans l'être en un désir indéfini de puissance » (Y. C. Zarka, *Hobbes et la pensée politique moderne,* Paris, P.U.F., 1995, p. 129).

2. Voir P. J. Ahrensdorf, « The Fear of Death and the Longing for Immortality : Hobbes and Thucydides on Human Nature and the Problem of Anarchy », *American Political Science Review*, 94/3, 2000, p. 579-593, plus part. p. 580 : « What distinguishes man from the other animals, according to Hobbes, is foresight and hence the awareness of death. Man is the mortal being who is aware that he is such. The consequence of this awareness is constant anxiety ».

3. Th. Hobbes, *Léviathan, op. cit.*, p. 96. Pour la version anglaise : « that man which looks too far before him, in the care of future time, hath his heart all the day long gnawded on by fear of death, poverty, or other calamity, and has no repose, nor pause of his anxiety, but in sleep » (*Leviathan, op. cit.*, p. 64).

sans en excepter le corps même des hommes »[1]. Il s'ensuit que chacun a le droit de tuer l'autre pour sa propre préservation au cas où l'autre représenterait une menace potentielle future comme le souligne bien Sreedhar : « in the state of nature, I have the right to kill you if I judge that your death is conducive to my preservation by, for example, eliminating you as *a potential future threat* »[2]. Ce qui est crucial est que dans l'état de nature, les menaces potentielles futures obtiennent le même statut de droit que celui des menaces actuelles ou imminentes. Elles sont mises sur le même plan et ne sont pas moins légitimes du fait de leur nature potentielle. La méfiance générée par l'égalité entre les hommes et l'incertitude généralisée ne permettent pas de distinguer les menaces futures et potentielles des menaces imminentes et actuelles.

Bien que l'intérêt principal de Hobbes touchant l'état de nature porte sur les relations interindividuelles, ce sont les relations interétatiques qui y figurent comme l'exemple empirique dans ce célèbre passage :

> (…) les rois et les personnes détentrices du pouvoir suprême sont cependant, en tout temps, ennemis les uns des autres, ils ne cessent en effet de se soupçonner les uns les autres, se faisant face comme des gladiateurs, pointant au-dehors leurs armes et leurs regards : je parle ici des forts et des garnisons placés aux frontières, et de l'espionnage clandestin en territoire ennemi ; c'est bien là un état de guerre[3].

Toutefois, juste après avoir affirmé que les relations entre les puissances souveraines suivent la logique de guerre de l'état de nature, Hobbes semble atténuer cette affirmation en disant que « parce qu'il n'est pas possible de pourvoir autrement à la sauvegarde des sujets, il n'en résulte pas cette misère qui résulterait d'une entière liberté des particuliers »[4]. Il semble donc que nous nous retrouvions devant une *analogie imparfaite* : les relations interétatiques obéissent et n'obéissent pas à la logique de guerre de l'état de nature. D'une part, dans les deux cas nous retrouvons la même condition anarchique génératrice d'incertitude, mais d'autre part, il semble que la relation anarchique interétatique ne mène pas

1. Th. Hobbes, *Léviathan*, *op. cit.*, p. 111.

2. S. Sreedhar, « Defending the Hobbesian Right of Self-Defense », *Political Theory*, 36/6, 2008, p. 781-802, ici p. 785 (nous soulignons).

3. Th. Hobbes, *Léviathan*, *op. cit.*, p. 108.

4. *Ibid.*, p. 108-109. Pour la version anglaise : « But because they uphold thereby the industry of their subjects, there does not follow from it that misery which accompanies the liberty of particular men » (*Leviathan*, *op. cit.*, p. 78).

à la misère et à la destruction comme c'est le cas pour les relations interindividuelles.

Le fait que l'analogie entre les deux états n'est pas une analogie parfaite a été souligné par plusieurs commentateurs[1]. D'une manière générale, trois arguments sont normalement mis en évidence. Premièrement, le fait que les États ne sont pas égaux de la même manière que les individus sont égaux dans l'état de nature. On ne tue pas un État comme on tue un homme, leur fragilité n'est pas comparable (un État ne dort pas par exemple). Deuxièmement, la mort du souverain n'entraîne pas la mort de l'État. La vie artificielle de l'État n'est pas au même niveau que la vie naturelle des corps mouvants. L'État peut subir les pires catastrophes et encore survivre en tant qu'État. De plus, dans le cas où un État cesse d'exister, les individus ne disparaissent pas avec lui. Au contraire, ils se presseront de faire un autre pacte social sous le gouvernement d'un nouveau souverain. Troisièmement, du fait que l'état de nature interétatique n'entraîne pas la misère de l'état interindividuel, il ne découle pas de ses prémisses qu'un gouvernement global soit nécessaire pour l'auto-préservation des individus[2].

Quoique l'analogie soit imparfaite, il faut tout de même admettre que pour l'école réaliste des Relations Internationales, la description hobbesienne de l'état de nature reste le modèle des relations interétatiques. Pour les réalistes, les États ne peuvent pas se faire confiance ni connaître à coup sûr les intentions des autres États. Dès que l'État est créé pour résoudre le « souci de sécurité » au niveau interne, une crainte justifiée est engendrée au niveau externe. Que la création de l'État soit conçue sur la base d'une problématique sécuritaire implique une double conséquence : d'un côté,

1. Voir notamment Y. C. Zarka, « De la Guerre », dans *Hobbes et la pensée politique moderne*, *op. cit.*, p. 127-145; D. Thivet, *Une pensée hétérodoxe de la guerre. De Hobbes à Clausewitz*, *op. cit.*; H. Bull, « Hobbes and the International Anarchy », *Social Research*, 48/4, 1981, p. 717-738; N. Malcom, « What Hobbes really said », *National Interest*, 81, 2005, p. 22-28; N. Yourdusev, « Thomas Hobbes and International Relations, from realism to rationalism », *Australian Journal of International Affairs*, 60/2, 2006, p. 305-321; T. Airaksinen, « The Whiteness of the Whale : Thomas Hobbes and a Paradox of War and Fear », *in* T. Airaksinen, M. A. Bertman (eds), *Hobbes : War Among Nations*, Aldershot, Avebury Press, 1989, p. 51-69.

2. Hedley Bull souligne que le seul royaume universel dont Hobbes parle est celui d'un « Kingdom of God, which can have no earthly embodiment, as he makes clear in his savage demolition of the claims of the Papacy still to exercise some ghostly relic of Imperium mundi and in his firm conclusion that a Christian commonwealth is one in which Christian men and their religious beliefs are wholly subject to the state » (H. Bull, « Hobbes and the International Anarchy », art. cit., p. 725).

il pacifie les luttes civiles internes, de l'autre, il apparaît à son voisin comme une menace sécuritaire. Ce phénomène est souvent décrit dans les théories des relations internationales du XXe comme le dilemme de sécurité (*security dilemma*)[1] : du fait qu'un État *A* accroît sa puissance militaire pour pacifier ses relations internes et se protéger des menaces externes, il devient une menace pour l'État *B* qui doit, à son tour, également s'armer. En conséquence, du fait que chaque État renforce sa propre sécurité, il contribue à créer l'insécurité globale qui, paradoxalement, va contribuer à amoindrir la sécurité nationale au niveau interne.

La posture « des gladiateurs » est, donc, à double tranchant. Alors que la crainte naturelle des individus amène à la paix, la crainte artificielle des États amène à l'état de guerre – un état de méfiance réciproque d'où la guerre éclot[2]. Cette guerre, néanmoins, a une différence qualitative importante par rapport aux guerres internes. Pour Hobbes, elles n'ont pas le même niveau destructif que celle, interindividuelle, ce qui entraîne deux conséquences fondamentales : 1) les guerres interétatiques sont tenues comme plus tolérables que les guerres civiles et 2) la paix est conçue comme l'exception – à instaurer à l'aide du droit positif international *via* la conclusion des traités[3] – sous un fond d'acceptabilité générale de la guerre comme ressort légitime parmi les États.

LA GUERRE PRÉVENTIVE, PHÉNOMÈNE ILLÉGITIME ET IRRATIONNEL DANS LE CADRE NORMATIF DE L'APRÈS-GUERRE

En ce qui concerne la liberté discrétionnaire et souveraine de l'usage de la force, ce qu'on appelle la « modernité » – moment historique joué et guidé par les puissances européennes en tensions et luttes constantes entre

1. Voir sur ce point les analyses de John Herz, « Idealist Internationalism and the Security Dilemma », in *World Politics*, n° 2, vol. 2, 1950, p. 157-180 et Kenneth N. Waltz, « The Origins of War in Neorealist Theory », in *Journal of Interdisciplinary History*, n° 4, Vol. 18, 1988, p. 615-628, p. 619 et Robert Jervis, « Cooperation under the Security Dilemma », in *World Politics*, n° 2, vol. 30, 1978, p. 167-214.

2. Comme le souligne Airaksinen : « Artificial fear brings about war. Natural fear leads us to peace ». Timo Airaksinen, « The Whiteness of the Whale : Thomas Hobbes and a Paradox of War and Fear », *op. cit.*, p. 62.

3. Comme le souligne Neff : « the entire content of the law of peace was the product of the voluntary, rather than the natural, law. War, therefore, was the preserve of nature, and peace the product of human artifice ». Stephen C. Neff, *War and the Law of Nations. A General History*, Cambridge, CUP, 2008, p. 135-136.

elles du XVIIe siècle au XIXe • eut son *grand final* dans la catastrophe des deux guerres mondiales qui ont terriblement ouvert le XXe siècle. Le monde tel qu'il s'est configuré après la Seconde Guerre mondiale ne vante plus la liberté souveraine de la « compétence de guerre », encore moins la compétence de faire la guerre préventive[1]. Dans le monde post-1945, le recours à la force et la menace de son emploi dans les relations interétatiques pour régler les différends sont interdits. La Charte de l'ONU, dans son art. 2 § 4[2], rend la guerre illégale et ceux qui la font criminels. Le *jus ad bellum* contemporain est donc radicalement opposé à celui qui existait à l'époque où Hobbes écrivait, au XVIIe siècle, et à celui de la modernité qui l'a suivie. Au lieu d'être légale et légitime, la guerre est illégale et dans la grande majorité des cas, illégitime. L'interdiction de l'usage de la force par l'art. 2 § 4 de la Charte des Nations Unies n'est pas une simple règle positive du droit international public. Si l'on se permet de comprendre le droit comme de la morale codifiée, nous nous apercevons l'ampleur de l'ambition de cet article : il garde en soi l'idée selon laquelle l'ordre international contemporain comprend la paix, et non plus la guerre, comme l'état original et naturel des relations internationales. C'est dire que la « liberté » issue de l'époque moderne dont les souverains se prévalaient naguère est mise en question par un nouvel ordre international qui n'admet plus que la paix soit tenue comme une exception à la règle sous un fond de guerre. La paix est donc hissée à un supposé état naturel premier, où il revient à la guerre d'être l'exception.

Dans cet état naturel supposé, les relations internationales entre les États seraient un état de paix où prévaut le règlement pacifique des différends[3] entre des nations également souveraines. La guerre ne peut donc être comprise que comme une atteinte à cet ordre naturel où l'égalité morale entre les peuples est considérée comme une vérité allant de soi. D'où la création d'un *jus contra bellum* comme pierre angulaire de ce

1. Pour voir à quel point la guerre préventive était la norme de la politique étrangère européenne depuis le XVIIe siècle : H. Strachan, « Preemption and Prevention in Historical Perspective », art. cit., p. 23-39.

2. « Les Membres de l'Organisation s'abstiennent, dans leurs relations internationales, *de recourir à la menace ou à l'emploi de la force*, soit contre l'intégrité territoriale ou l'indépendance politique de tout État, soit de toute autre manière incompatible avec les buts des Nations Unies ».

3. L'article 2 (3) de la Charte de l'ONU complète en effet l'article 2 (4) dans la mesure où il détermine que les Membres de l'Organisation régleront leurs différends internationaux par des moyens pacifiques. L'article 33 de la Charte liste la négociation, l'enquête, la conciliation, l'arbitrage et le règlement judiciaire parmi d'autres comme des moyens pacifiques.

nouvel ordre international et la criminalisation de l'agression comme « le crime international suprême, ne différant des autres crimes de guerre que du fait qu'il les contient tous »[1]. De même, le terme de « guerre » est tombé en désuétude et on parle désormais de « recours à la force » et de « conflits armés internationaux (CAI) et non internationaux (CANI) ». En effet, dans la Charte des Nations Unies on ne parle de « guerre » que cinq fois pour faire référence à une guerre spécifique, à savoir, la Seconde Guerre mondiale. Ce qui revient à évoquer que la « guerre » en tant qu'institution appartient au passé et n'appartient point à ce nouvel ordre mondial préconisé par la création de l'Organisation des Nations Unies.

Dans ce nouveau contexte radicalement hostile à l'usage de la force pour avancer les intérêts des États souverains, qu'advient-il de la guerre préventive hobbesienne ? Pour y répondre il nous faudrait regarder de plus près l'exception à la règle qui interdit l'usage de la force. Les seules exceptions à cette interdiction générale sont les actions autorisées par le Conseil de Sécurité sous l'égide du chapitre VII ou les actions prises en légitime défense unilatéralement ou collectivement[2] comme réponse à une agression armée selon l'article 51 de la Charte de l'ONU. Étant donné que l'attaque préventive est une forme de « légitime défense », dans ce qui suit, seul le second cas sera analysé.

Le droit à la légitime défense est un droit unilatéral de répondre à une agression armée. Dans la mesure où il n'existe aucune définition juridique établie de « légitime défense » (*self defence*) et de « droit naturel » (*inherent right*), le droit de se défendre est devenu aujourd'hui l'un des enjeux majeurs du droit du recours à la force. Peut-on dire que ce droit de se défendre permet d'inclure l'attaque de type préventif ? Il y a trois manières

1. *Procès des grands criminels de guerre devant le Tribunal militaire international*, arrêt du 1er octobre 1946. Texte officiel en langue française édité à Nuremberg, Allemagne, AAARGH, 1947, p. 93, http://www.legal-tools.org/doc/512713/pdf/, consulté en janvier 2022.

2. Il faut remarquer que si un État invite un autre État à intervenir militairement dans son territoire, on comprend que l'État intervenant agit en légitime défense collective à côté de l'État qui demande l'aide militaire et n'agit point *hors la loi*. L'exemple le plus récent est le cas de l'Irak qui le 20 septembre 2014 envoya une lettre au Conseil de Sécurité requérant de l'aide militaire, notamment des États-Unis, pour « frapper les sites de l'État islamique et ses bastions militaires », voir Conseil de Sécurité, *Letter dated 20 September 2014 from the Permanent Representative of Iraq to the United Nations addressed to the President of the Security Council* : http://www.un.org/ga/search/view_doc.asp? symbol=S/2014/691, consulté en janvier 2022. Du point de vue du droit international, dès que la demande a été faite, l'entrée de la coalition internationale créée pour combattre l'État islamique en sol irakien n'entraîne aucune violation à la souveraineté de l'Irak.

de répondre juridiquement à cette question. La première approche est dite restrictive puisqu'elle s'attache au texte de la loi. Du fait qu'il n'est pas mentionné dans l'article 51 que les États ne peuvent répondre à une *menace* mais uniquement à une *agression armée*, ils défendent la position selon laquelle un État ne peut rien faire face à une menace, et que c'est au Conseil de Sécurité de répondre aux menaces contre la paix : rupture de la paix et agression comme le prévoit l'art. 39 de la Charte. D'après Oliver Corten : « il paraît logique de considérer que l'omission de la menace d'employer la force au sein de l'article 51 est intentionnelle, la légitime défense étant réservée aux cas les plus graves d'emploi de la force »[1].

En conséquence, selon l'approche restrictive, si un État se sent menacé, l'unique chose qu'il est autorisé à faire est de porter cette question devant le Conseil de Sécurité et de commencer des préparatifs militaires dans l'attente de l'agression armée[2]. Parmi les restrictionnistes, nous retrouvons l'approche hétérodoxe du juriste israélien Yoram Dinstein. Selon cet auteur, le droit de légitime défense relève d'un droit de *légitime défense interceptive* (*interceptive self-defence*). Nous ne sommes pas censés attendre que l'attaque aérienne arrive au sol ou franchisse les frontières pour qu'une agression armée soit formée. « Once a button is pressed, or a trigger is pulled, the act is complete (while impact is a mere technicality) »[3]. Ainsi, étant donné qu'on peut prouver qu'un missile vient dans notre direction, on peut l'intercepter dès qu'il est lancé et sort de la rampe.

La deuxième approche est l'approche dite préemptive. Elle a pour base le droit coutumier tel qu'engendré par *l'affaire Caroline*, entre les États-Unis, le Canada et le Royaume Uni au XIXe siècle. En 1837, la marine britannique, agissant contre une insurrection canadienne contre la Couronne, coula le bateau Caroline (contrôlé par des rebelles) qui se trouvait dans un port américain. La marine anglaise tua donc deux hommes et imposa une fin tragique au bateau en le poussant dans les Chutes du

1. O. Corten, *Le droit contre la guerre*, Paris, Pedone, 2014, p. 665.

2. Cette interprétation suit effectivement l'intention originelle des auteurs de cet article. L'article est le fruit du travail et de la proposition de la Commission américaine à San Francisco. Comme l'indique Thomas Franck, une discussion interne de la délégation montre bien de quoi il s'agissait : « When another member of the US delegation (Mr. Gates) posed a question as to our freedom under this provision in case a fleet had started from abroad against an American republic but had not yet attacked. Stassen replied that « we could not under this provision attack the fleet but we could send a fleet of our own and be ready in case an attack came » (Th. Franck, *Recourse to Force. State Action Against Threats and Armed Attacks*, Cambridge, CUP, 2009, p. 50).

3. Y. Dinstein, *War, Aggression and Self-defence*, Cambridge, CUP, 2017, p. 231.

Niagara. Le secrétaire d'État américain à l'époque, Daniel Webster, va dénoncer l'attitude britannique tout en annonçant que pour qu'une action soit considérée comme relevant de la légitime défense, il faut prouver qu'elle est « nécessaire, urgente, irrésistible, ne laissant aucun choix de moyen et aucun moment de délibération »[1].

Ces conditions ont créé la doctrine de la légitime défense préemptive. Une attaque préemptive est celle qui répond à une menace imminente, qui est sur le point d'arriver mais qui ne se constitue pas encore comme une agression armée. L'attaque d'Israël en 1967 contre les forces égyptiennes et jordaniennes, qui étaient justement sur le point d'attaquer mais qui ne l'avaient pas encore fait, est souvent citée comme un cas paradigmatique de préemption au lieu de prévention. Dans la mesure où l'approche préemptive concède un niveau minimal d'anticipation, elle est rejetée par l'approche restrictive.

La troisième approche est celle qui se rapproche le plus d'une guerre préventive dans le cadre du *just fear* annoncé par Francis Bacon et rationalisé par Thomas Hobbes. Elle a été développée par les États-Unis suite aux attentats du 11 septembre. Elle comprend un unique document, le *National Security Strategy* de septembre 2002[2], et est également connue, tout simplement, comme la « Doctrine Bush ». Cette doctrine avance deux points fondamentaux. L'un descriptif, hautement répandu et qui exerça une grande influence sur le rapport du *Groupe de Personnalités de Haut Niveau sur les Menaces, les Défis et le Changement*[3] de 2004 comme sur le rapport du Secrétaire général *Dans une liberté plus grande : développement, sécurité et droits de l'homme pour tous* paru en 2005[4]; l'autre palliatif, amplement rejeté par la communauté internationale à la suite de l'Opération *Iraq Freedom* déclenchée en 2003.

Le côté descriptif de la doctrine nous montre qu'on assiste depuis la fin de la Seconde Guerre mondiale et la création des Nations Unies à un changement considérable de type de menace sécuritaire. Il s'agit de transformations profondes dans le caractère de la guerre. Ces grands changements sont normalement condensés dans le terme de « guerre

1. D. Webster, « Letter to Henry S. Fox, British Ambassador to the United States, April 24, 1841 », *in* K. Shewmaker (dir.) *The Papers of Daniel Webster : Diplomatic Papers*, vol. 1 : *1841-1843*, Hanover, University Press of New England, 1983, p. 62.

2. *US National Security Strategy,* https://georgewbush-whitehouse.archives.gov/nsc/nss/2002/, consulté en janvier 2022.

3. Rapport intitulé : « Un monde plus sûr : notre affaire à nous », http://www.un.org/french/secureworld/, consulté en janvier 2022.

4. En ligne : http://www.un.org/french/largerfreedom/, consulté en janvier 2022.

asymétrique »[1] qui est devenu omniprésent après les attentats terroristes du 11 septembre 2001. Il décrit notamment « des conflits de basses intensités opposant des puissances à des acteurs beaucoup plus faibles, qu'ils soient étatiques ou non »[2]. Compte tenu de la nature de la guerre asymétrique, la tâche de détecter si une menace est complètement formée ou pas devient extrêmement difficile, sinon impossible. Comment savoir si une attaque terroriste est en train de se passer si ce genre d'opération « ne masse pas de troupes ni chars à une frontière »[3] ? La présence des nouveaux acteurs, lesquels se prévalent des moyens de guerre clandestins et non transparents, transforme la détection de la menace en tâche herculéenne qui met une surcharge dans les services de renseignements.

Le côté palliatif offert par le *National Security Strategy* de 2002 consiste dans l'idée qu'il faut éliminer la menace avant qu'elle puisse être suffisamment importante et destructive pour les États-Unis et leurs alliés[4]. Bien que le document fasse référence à la nécessité de la mise en œuvre des attaques préemptives, il s'agit d'une défense ouverte de la guerre préventive comme outil stratégique visant à répondre aux nouveaux enjeux sécuritaires posés par des guerres asymétriques :

> The greater the threat, the greater is the risk of inaction – and the more compelling the case for taking anticipatory action to defend ourselves, even if uncertainty remains as to the time and place of the enemy's attack. To forestall or prevent such hostile acts by our adversaries, the United States will, if necessary, act preemptively[5].

Ce paragraphe contient de manière condensée la rationalisation conséquentialiste de la guerre préventive avec ces deux éléments fondamentaux, à savoir, l'existence des menaces futures (« even if uncertainty remains as to the time and place of the enemy's attack ») et l'avantage des bénéfices de faire la guerre avant contre les coûts futurs de la faire après (« The greater the threat, the greater is the risk of inaction »). À l'image de l'argumentation hobbesienne, l'incertitude inhérente à l'état des choses où se

1. Voir N. Crawford, « Just War Theory and the US Counterterror War », *Perspectives on Politics*, 1/1, 2003, p. 5-25, plus part. p. 8.

2. B. Courmont, « Guerre asymétrique », dans *Dictionnaire de la Guerre et la Paix*, *op. cit.*, p. 131-137, plus part. p. 137.

3. J.-B. Jeangène Vilmer, « Guerre Préventive », art. cit., p. 1083.

4. Voir *US National Security Strategy*, chap. V : « The purpose of our actions will always be to eliminate a specific threat to the United States or our allies and friends US National Security Strategy ».

5. *Ibid.*

déroulent les nouvelles conflictualités internationales se présente comme une raison explicative pour justifier l'attaque préventive. Pour Hobbes, le droit d'attaquer en premier découle directement de l'état d'incertitude qui caractérise les états anarchiques. Comme l'on a remarqué avant, dans l'état de nature les menaces futures ont le même statut que celui des menaces actuelles ou imminentes. Ainsi, il semble rationnel et prudent d'attaquer avant de se faire attaquer dans toutes les situations de type anarchique[1].

Ce raisonnement n'est pas, cependant, libre de critiques. Comme le souligne Michael Walzer[2], on pourrait croire, premièrement, qu'une attaque préventive peut être considérée comme légitime compte tenu des libertés qu'elle vise à protéger. Si ces libertés sont suffisamment importantes pour contrebalancer les coûts d'une guerre préventive, cette dernière semble être moralement acceptable. Deuxièmement, une guerre qui est menée à l'avance réduit considérablement les coûts pour les deux parties en conflit. Dans ce cas, attendre ne reviendrait pas à éviter la guerre, mais ne ferait qu'engendrer une guerre plus coûteuse plus tard. Bien que ces deux arguments soient raisonnables, un troisième, qui l'est également, les remet en question – le fait qu'une autorisation de la guerre préventive va mener à une augmentation du nombre total de guerres interétatiques et à une incertitude qui peut mettre en danger ces libertés mêmes qu'on voudrait protéger en premier lieu.

Que la conséquence de l'autorisation normative de la guerre préventive soit l'augmentation du nombre de conflits internationaux ne s'avère pas être un problème pour Hobbes, étant donné que celui-ci jugeait les guerres interétatiques tolérables en opposition aux guerres intraétatiques, qui étaient, au contraire, intolérables. Néanmoins, la complexité du contexte dans lequel le NSS s'inscrit ne permet pas une telle simplification. Les guerres asymétriques font jouer des États contre des agents non-étatiques dans les milieux urbains, ce qui s'approche plus de la situation décriée par Hobbes d'où découlent des misères des guerres civiles que des situations « pas tellement misérables » des guerres interétatiques. Or, ne pourrait-on pas dire que, d'une perspective strictement hobbesienne, le fait que les interventions préventives agissent directement sur les milieux urbains, empiète la justification de ses interventions ? Ne pourrait-on pas affirmer que l'usage, bien que rationnel, de l'attaque préventive, peut

1. *Cf.* J. Welsh, « The Morality of "Drone Warfare" », *in* D. Cortright *et al.* (dir), *Drones and the Future of Armed Conflict*, Chicago, The University of Chicago Press, 2015, p. 24-45.

2. Voir M. Walzer, *Just and Unjust Wars : A Moral Argument with Historical Illustrations*, New York, Basic Books, 2015 (5ᵉ éd.), p. 77.

réduire drastiquement le niveau d'acceptabilité des conflits interétatiques vu qu'ils déclenchent des conflits intraétatiques et forment, ensemble, un cycle d'auto-alimentation réciproque?

Si l'on s'en tient à une réponse affirmative à cette question, on pourrait en tirer deux conclusions. Premièrement, que la conception hobbesienne de la guerre comme condition qui relève de l'incertitude des situations anarchiques et non comme usage strict de la violence reste centrale aujourd'hui malgré l'interdiction de l'usage de la force par l'ONU. En revanche, et cela sera la deuxième constatation, alors que pour Hobbes la méfiance dans l'état de nature était une raison explicative qui justifiait l'attaque préventive, la méfiance aujourd'hui, tout au contraire, sert à délégitimer la guerre préventive dans les cas *d'intervention dans les milieux urbains*, où l'on se rapproche des situations intolérables encadrées par la lutte de « tous contre tous » et de la misère des guerres civiles. Cela s'explique par le fait que ces conflits armés ne sont pas coincés dans les champs de bataille éloignés de la population civile et menés par des armées conventionnelles. Tout au contraire, il se peut que des guerres préventives aient un effet interne disruptif et produisent des effets anarchiques objectivement intolérables d'une perspective hobbesienne[1].

Il ne faut pas oublier que le caractère acceptable des guerres interétatiques découlait du fait que celles-ci ne seraient pas aussi destructives que les guerres civiles. Selon Lloyd, la raison qui mena Hobbes à cette conclusion était le fait que les guerres conventionnelles se passaient dans les champs de bataille éloignés de la population civile[2]. De ce fait, la population civile était épargnée. Leur activité économique n'était guère abîmée et le contrat social guère menacé. Néanmoins, la nature des conflits asymétriques, de nos jours, ne nous permet point d'arriver à la même conclusion,

1. En outre, si l'on considère les guerres civiles comme des procès et non comme des points discrets, le problème de la dimension temporelle gagne une importance considérable. Dans ce cas-là, les interventions externes ont un rôle crucial à jouer en ce qui concerne la durée du conflit. Comme le souligne Balch-Lindsay et J. Enterline, il se peut qu'une intervention puisse changer complètement le cadre stratégique d'un conflit, dans la mesure où une tierce partie peut soutenir la partie perdante et faire recommencer le conflit. Voir D. Balch-Lindsay, A. J. Enterline, « Killing Time: The World Politics of Civil War Duration, 1820-1992 », *International Studies Quarterly*, 44/2, 2000, p. 615-642, plus part. p. 621. Pour une vue plus sceptique de l'impact de l'intervention étrangère sur la durée des conflits internes, voir P. M. Regan, *Civil Wars and Foreign Powers. Outside Intervention in Intrastate Conflict*, Michigan, The University of Michigan Press, 2002, p. 145-146.

2. S. A. Lloyd, « International Relations, World Government, and the Ethics of War: A Hobbesian Perspective », in *id.* (dir.), *Hobbes Today. Insights for the 21th Century*, Cambridge, CUP, 2013, p. 288-303, plus part. p. 14.

vu que la population civile est souvent mêlée aux hostilités dans les conflits asymétriques. En outre, du fait que la plupart des conflits armés depuis la moitié du XXe siècle configurent des conflits armés non internationaux[1], les théâtres des opérations se passent dorénavant dans les concentrations urbaines. Comme le souligne le général Emmanuel De Richoufftz De Manin : « En fait aucun continent, en ce début de siècle, n'échappe au phénomène général, irréversible, qui affecte non seulement les pays industrialisés mais l'ensemble des États (…). *Dans ces conditions, la zone urbaine est devenue le foyer de tous les enjeux* »[2].

Bref, si on mène l'argument hobbesien jusqu'au bout, l'incertitude découlant des situations anarchiques de nos jours serait mieux comprise comme une contrainte de la liberté souveraine de faire la guerre et non plus comme un moteur propulseur de cette liberté. Cela, bien entendu, à condition qu'on ne veuille habiter dans un monde où la vie est brutale et courte comme nous l'a appris le philosophe du XVIIe siècle.

1. Selon les recherches du centre de recherche *Human Security Centre*, *Human Security Report 2005 : War and Peace in the 21st Century (*voir A. Mack, « Human Security Report 2005 : War and Peace in the 21st Century », *Die Friedens-Warte*, 80/1-2, 2005, p. 177-191), tandis que les guerres interétatiques sont presque rares aujourd'hui, les guerres intraétatiques augmentent depuis les années 1970.

2. E. De Richoufftz De Manin, « La zone urbaine : nouveau théâtre d'opérations ? », *Guerres mondiales et conflits contemporains*, 206/2, 2002, p. 111-119, ici p. 111 (nous soulignons).

LE POUVOIR SELON HOBBES DANS LA LECTURE DE FOUCAULT

Vincenzo SORRENTINO *

Je proposerai ici une réflexion sur Hobbes qui part d'un point de vue extérieur à sa pensée, à savoir du point de vue de la lecture de Foucault, un philosophe qui a été fortement critique envers l'auteur du *Léviathan*. Cette réflexion nous aidera peut-être à mettre en évidence certains des aspects problématiques que présente la pensée hobbesienne, si on veut bien l'analyser à partir de la question suivante : quelle est l'utilité et quelles sont les limites de la conception hobbesienne du politique pour une analyse du pouvoir dans les sociétés contemporaines et pour une mise au point d'une critique de ce pouvoir ?

La confrontation polémique avec Hobbes, de façon explicite ou implicite, traverse toute la réflexion foucaldienne sur le pouvoir. Foucault en vient à affirmer qu'il est nécessaire de faire ce qu'on n'a pas encore fait dans la théorie politique : couper la tête du roi [1]. Pourtant, à mon avis, l'analytique foucaldienne du pouvoir ne réussit jamais à se libérer du spectre de Hobbes, car Foucault se montre conscient du fait que, dans les sociétés occidentales modernes, la question du Léviathan est une question ouverte.

* Université de Pérouse.

1. Voir « Intervista a M. Foucault » (réalisé par Alessandro Fontana et Pasquale Pasquino, en juin 1976), *in* A. Fontana, P. Pasquino (eds), *Microfisica del potere : interventi politici*, Turino, Einaudi, 1977 ; trad. fr C. Lazzeri, « Entretien avec M. Foucault », dans D. Defert et F. Ewald (éd.), M. Foucault, *Dits et écrits*, Paris, Gallimard, 1994, t. III, p. 150 ; et M. Foucault, *Histoire de la sexualité*, 1 : *La volonté de savoir*, Paris, Gallimard, 1976, p. 112-113 et p. 118-119.

La critique foucaldienne de Hobbes est articulée et radicale, pourtant Foucault, bien qu'il semble parfois affirmer le contraire, ne jette pas par la fenêtre le modèle hobbesien.

Aux yeux de Foucault, ce modèle ne permet pas une analyse correcte du pouvoir dans les sociétés occidentales modernes. Ceci a des conséquences non seulement sur le plan théorique, mais aussi sur le plan pratique, car selon Foucault, une critique efficace du pouvoir et les pratiques correspondantes de résistance et de libération présupposent une localisation correcte du pouvoir, c'est-à-dire une analyse correcte des rapports de force qui traversent les espaces dans lesquels les individus mènent leur vie.

Il existe au moins cinq aspects de la philosophie politique hobbesienne que critique Foucault.

1) La centralité qu'elle donne à l'État, à laquelle Foucault oppose l'analyse des micro-pouvoirs.

2) Le rapport qu'on y trouve entre guerre et pouvoir politique, un rapport auquel Foucault oppose l'idée de la guerre comme « analyseur » des rapports de pouvoir.

3) La centralité qu'elle donne à la question de la légitimité qui cache, selon Foucault, le fait de la domination.

4) Le fait que dans cette philosophie le sujet soit établi préliminairement par rapport aux relations de pouvoir est présupposé. Au contraire, selon Foucault, il faut analyser les pratiques par lesquelles les sujets sont constitués par les rapports de pouvoir.

5) La façon dont elle pense le rapport entre pouvoir, vie et mort, et selon Foucault, elle n'est pas adéquate pour saisir le bio-pouvoir moderne.

Nous allons donc examiner en détail la position de Foucault en relation à ces questions.

L'ÉTAT ET LES MICROPOUVOIRS

Foucault affirme avec clarté la nécessité de dépasser la centralité que l'État a dans la théorie de la souveraineté. L'État, à son avis, recouvre seulement une partie du champ réel des rapports de pouvoir, et de plus il ne peut fonctionner qu'en s'appuyant sur des relations de pouvoir préexistantes : les micropouvoirs sont le support de l'État[1]. Il ne s'agit pas de sous-

1. « Entretien avec M. Foucault », art. cit., p. 151 ; M. Foucault, « *Il faut défendre la société* ». *Cours au Collège de France 1975-1976*, éd. M. Bertani et A. Fontana sous la direction de F. Ewald et A. Fontana, Paris, Gallimard/Seuil, 1997, p. 239; *id.*, *La volonté de*

estimer l'importance de l'État, mais de la relativiser afin de saisir toute la complexité du pouvoir[1]. L'État, en tant que « forme de pouvoir politique » et « méta-pouvoir », est une « cristallisation institutionnelle », une « codification de relations de pouvoir multiples »[2].

Selon Foucault, il ne faut pas penser les relations de pouvoir à partir du modèle du Léviathan-Souverain, mais à partir du modèle du « réseau » d'interactions :

> Le pouvoir, je crois, doit être analysé comme quelque chose qui circule, ou plutôt comme quelque chose qui ne fonctionne qu'en chaine. Il n'est jamais localisé ici ou là, il n'est jamais entre les mains de certains, il n'est jamais approprié comme une richesse ou un bien. Le pouvoir fonctionne. Le pouvoir s'exerce en réseau et, sur ce réseau, non seulement les individus circulent, mais ils sont toujours en position de subir et aussi d'exercer le pouvoir. Ils ne sont jamais la cible inerte ou consentante du pouvoir, ils en sont toujours les relais. Autrement dit, le pouvoir transite par les individus, il ne s'applique pas à eux[3].

Foucault s'oppose à toute conception pyramidale de la réalité sociale[4].

savoir, *op. cit.*, p. 117-118 et p. 132 ; et « Questions à M. Foucault sur la géographie », *Hérodote*, 1, janvier-mars 1976, repr. *Dits et écrits*, *op. cit.*, t. III, p. 36.

1. « Entretien avec M. Foucault », art. cit., p. 151 ; et M. Foucault, *Sécurité, territoire, population. Cours au Collège de France 1977-1978*, éd. M. Senellart sous la direction de F. Ewald et A. Fontana, Paris, Gallimard/Seuil, 2004, p. 112.

2. « Entretien avec M. Foucault », art. cit., p. 151 ; M. Foucault, *La volonté de savoir*, *op. cit.*, p. 121-122 ; et *id.*, « The Subject and the Power », *in* H. L. Dreyfus, P. Rabinow, *M. Foucault. Beyond Structuralism and Hermeneutics*, Chicago, The University of Chicago Press, 1982 ; trad. fr. F. Durand-Bogaert, « Le sujet et le pouvoir », repr. *Dits et écrits*, *op. cit.*, t. IV, p. 228.

3. M. Foucault, « *Il faut défendre la société* », *op. cit.*, p. 26. Voir aussi *La volonté de savoir*, *op. cit.*, p. 121-129.

4. Voir *id.*, « Qu'est-ce que la critique ? » (*Critique et* Aufklärung), conférence à la Sorbonne du 27 mai 1978, *Bulletin de la Société Française de Philosophie*, 2, avril-juin 1990, p. 51-52 : « L'analyse des positivités, dans la mesure où il s'agit de singularités pures rapportées non pas à une espèce ou à une essence, mais à de simples conditions d'acceptabilité, eh bien ! cette analyse suppose le déploiement d'un réseau causal à la fois complexe et serré, mais sans doute d'un autre type, un réseau causal qui n'obéirait pas justement à l'exigence de saturation par un principe profond unitaire pyramidalisant et nécessitant. Il s'agit d'établir un réseau qui rende compte de cette singularité comme d'un effet : d'où la nécessité de la multiplicité des relations, de la différenciation entre les différents types de relations, de la différenciation entre les différentes formes de nécessité des enchaînements, de déchiffrement des interactions et des actions circulaires et la prise en compte du croisement de processus hétérogènes. (...) La logique des interactions, à un niveau donné, joue entre des individus pouvant à la fois garder ses règles et sa spécificité, ses effets singuliers tout en constituant avec

Si le pouvoir s'exerce parmi des réseaux de relations où on ne trouve aucun *sub-jectum*, c'est-à-dire aucun facteur dernier inconditionné, cela signifie que même les luttes locales peuvent avoir des conséquences globales, si elles mettent en discussion l'économie générale de l'ensemble[1]. Foucault affirme qu'il faut comprendre ce qui permet de résister au pouvoir sur les lieux où l'on vit; cela ne signifie pas nier l'importance des stratégies globales de résistance, mais signifie que ces stratégies ne peuvent être efficaces qu'en intégrant des résistances locales[2].

GUERRE ET POUVOIR POLITIQUE

L'analytique foucaldienne du pouvoir veut s'éloigner de la théorie hobbesienne de la souveraineté non seulement en relation à la question de l'État, mais aussi en relation à la question du rapport entre la guerre et le pouvoir politique. Ce dernier, dans la théorie de la souveraineté, est la *summa potestas* qui a le monopole de la force afin d'assurer la paix civile[3]. L'affirmation de cette fonction pacificatrice cache, selon Foucault, la guerre perpétuelle qui est en cours dans l'ordre civil.

La paix établie par le pouvoir politique, loin d'être une absence de guerre, est une guerre silencieuse dans laquelle on garde le déséquilibre des forces qui s'est donné dans la bataille[4]. Foucault affirme que Hobbes veut éliminer la guerre de la genèse de la souveraineté[5].

En résumé, si, selon la théorie de la souveraineté, la dernière bataille marque la naissance de la politique, selon l'analytique du pouvoir, la dernière bataille serait la fin de la politique[6].

Il faut donc renverser l'affirmation de Clausewitz selon laquelle la guerre n'est que la continuation de la politique avec d'autres moyens :

d'autres éléments des interactions qui se jouent à un autre niveau de sorte que, d'une certaine façon, aucune de ces interactions n'apparaît ou primaire ou absolument totalisante ».

1. M. Foucault, *Sécurité, territoire, population*, *op. cit.*, p. 124 et *id.*, « Qu'est-ce que la critique ? », art. cit., p. 52.

2. *Id.*, « Pouvoirs et stratégies » (entretien avec Jacques Rancière), *Révoltes logiques*, 4, hiver 1977, repr. *Dits et écrits*, *op. cit.*, t. III, p. 420 et p. 425.

3. Th. Hobbes, *Leviathan, or the Matter, Form, and Power of a Commonwealth Ecclesiastical and Civil* [1651], in *English Works*, éd. W. Molesworth, London, Bohn, 1839, repr. Aalen, Scientia Verlag, 1966 (2e éd.), t. III, p. 152 et p. 158.

4. M. Foucault, « *Il faut défendre la société* », *op. cit.*, p. 16-17.

5. *Ibid.*, p. 83.

6. *Ibid.*, p. 17.

selon Foucault « la politique, c'est la guerre, c'est la guerre continuée par d'autres moyens »[1].

Afin de penser le lien constitutif entre pouvoir politique et guerre, il ne faut pas se tourner vers Hobbes, mais plutôt vers le discours historico-politique (par exemple, Boulainvilliers ou Fréret dans la France du XVIIe siècle), et surtout vers Nietzsche, selon lequel le droit est toujours la stabilisation (codification) de rapports de force[2].

Foucault, donc, critique l'idée hobbesienne selon laquelle le pouvoir politique souverain se donne dans l'absence de la guerre[3]. De plus, il souligne que l'état de guerre hobbesien n'est pas exactement une guerre effective, car il n'y a pas de batailles, mais seulement des représentations, manifestations, signes, expressions emphatiques; il est une sorte de diplomatie infinie entre rivalités qui sont par nature au même niveau[4].

Enfin, selon Foucault, c'est la guerre comme phénomène collectif – c'est-à-dire la guerre civile – qui est importante du point de vue d'une analytique du pouvoir; au contraire, chez Hobbes, la guerre est corrélée à la nature des individus[5].

À mon avis, le discours foucaldien sur le rapport entre guerre et pouvoir est particulièrement problématique et parfois contradictoire[6]. Je me limite à souligner ici le fait que le dernier Foucault, bien qu'il conçoive encore les rapports de pouvoir comme des relations entre des forces, semble pourtant les réexaminer d'une façon critique, et souvent s'éloigner du paradigme du pouvoir – lequel caractérise une partie consistante des études généalogiques des années 70 – centré sur les notions de guerre et de domination[7].

À ce propos il me semble important de prendre en considération deux aspects : d'un côté l'idée de force considérée non plus comme un facteur violent de domination, mais comme force configurante, qui donne une forme, en continuité avec un important aspect de la réflexion du dernier

1. *Ibid.*, p. 16.

2. Fr. Nietzsche, *Zur Genealogie der Moral. Eine Streitschrift* [1887], in *Nietzsche Werke*, éd. G. Colli, M. Montinari, Berlin-New York, Walter de Gruyter, t. VI, 2, 1968, p. 327-329 et *id.*, *Morgenröthe. Gedanken über die moralischen Vorurtheile* [1881], in *Nietzsche Werke*, *op. cit.*, t. V, 1, 1988, p. 98-100.

3. M. Foucault, *La société punitive. Cours au Collège de France 1972-1973*, éd. B. E. Harcourt sous la direction de F. Ewald et A. Fontana, Paris, Gallimard/Seuil, 2013, p. 29.

4. *Id.*, « *Il faut défendre la société* », *op. cit.*, p. 79-80.

5. *Id.*, *La société punitive*, *op. cit.*, p. 30-31.

6. À ce propos, je renvoie à ce que j'ai écrit dans mon livre *Il pensiero politico di Foucault*, Roma, Meltemi, 2008, p. 76-90.

7. M. Foucault, « *Il faut défendre la société* », *op. cit.*, p. 16-17 et p. 36-42.

Nietzsche sur les vivants (conçus comme *complexe Gebilde*)[1], et de l'autre, la notion de gouvernement, conçu comme pratique par laquelle on dirige la conduite des individus et des groupes[2]. La distinction entre relations de pouvoir et états de domination est emblématique, ces derniers étant conçus comme immobilisation des premières[3]. À mon avis, à partir de la fin des années 70, se produit dans la réflexion de Foucault un déplacement du concept de pouvoir du champ sémantique de la guerre-domination – à l'intérieur duquel les éléments stratégiques et coercitifs sont centraux – au champ sémantique du gouvernement.

Le pouvoir, en tant que pratique de gouvernement, n'a pas en soi de traits violents, car il n'implique pas (nécessairement) l'assujettissement à des états de domination, la contrainte à une condition de passivité :

> Le mode de relation propre au pouvoir ne serait donc pas à chercher du côté de la violence et de la lutte, ni du côté du contrat et du lien volontaire (qui ne peuvent en être tout au plus que des instruments) : mais du côté de ce mode d'action singulier – ni guerrier ni juridique – qui est le gouvernement[4].

La question de la légitimité

Selon Hobbes, observe Foucault, est souverain celui qui peut dire « non » au désir d'un individu; le problème de la légitimité de ce « non » devient alors central[5]. La théorie du droit a été centrée sur le problème de la souveraineté et a eu pour fonction d'établir la légitimité du pouvoir. De cette façon, elle a neutralisé et caché le fait historique de la domination, en montrant, d'un côté, les droits légitimes de la souveraineté et, de l'autre, l'obligation légale à l'obéissance. En tant que telle, elle a transmis et consolidé des rapports de domination.

1. Fr. Nietzsche, *Fr. 11[73], Nachgelassene Fragmente. Herbst 1887 bis Herbst 1888*, in *Nietzsche Werke*, *op. cit.*, t. VIII, 2, 1970, p. 278-279. Pour une analyse de ce point, voir V. Sorrentino, *Il pensiero politico di Foucault*, *op. cit.*, p. 220-224.

2. M. Foucault, « Le sujet et le pouvoir », art. cit., p. 237-238 et *id.*, *Sécurité, territoire, population*, *op. cit.*, p. 99-104.

3. *Id.*, « L'éthique du souci de soi comme pratique de la liberté » (entretien avec Helmut Becker, Raúl Fornet-Bétancourt, Alfredo Gomez-Müller, 20 janvier 1984), *Concordia. Revista internacional de filosofia*, 6, juillet-décembre 1984, repr. *Dits et écrits*, *op. cit.*, t. IV, p. 710-711, p. 719-721 et p. 727.

4. *Id.*, « Le sujet et le pouvoir », art. cit., p. 237.

5. *Id.*, *Sécurité, territoire, population*, *op. cit.*, p. 75.

On peut trouver un effet de cette dynamique dans les démocraties libérales modernes. Dans ces régimes, la théorie de la souveraineté (populaire) a permis de superposer aux mécanismes de la discipline un système de droits, qui en cachait les pratiques de domination[1]. Selon Foucault, l'« hypothèse de Reich » (le pouvoir comme répression) et l'« hypothèse de Nietzsche » (le pouvoir comme affrontement belliqueux des forces) sont liées, car la répression n'est qu'une conséquence politique de la guerre[2].

Au schéma contrat-oppression, Foucault oppose donc le schéma guerre-répression. Selon le premier, qui est centré sur le principe de souveraineté, le pouvoir est un droit originaire qu'on cède et le contrat est donc la matrice, l'origine du pouvoir politique, qui devient oppression quand il dépasse les limites établies par le contrat. L'opposition pertinente à l'intérieur de ce système est celle entre légitime et illégitime.

Dans le schéma guerre-répression, la répression, au contraire de l'oppression, n'est pas un abus mais seulement la continuation d'un rapport de domination : on trouve ici une opposition entre lutte et soumission[3].

Ce dernier point est, à mon avis, intéressant et problématique, car il montre que Foucault est enclin à traiter la question de la résistance et de la libération en la ramenant non pas à l'espace conceptuel de la légitimité, mais à celui de la simple lutte. Mais dans la théorie du droit que Foucault critique, la question de la légitimité coïncide non seulement avec la justification du « non » prononcé par le pouvoir souverain, mais aussi avec la justification des résistances, des luttes contre le pouvoir qui deviennent légitimes quand ce pouvoir ne correspond plus aux raisons pour lesquelles il a été établi par les individus et donc reconnu comme légitime. Je crois qu'on a ici une question qui est essentielle si on ne veut pas rendre aveugle la résistance au pouvoir.

LE SUJET ET LE POUVOIR

Selon Foucault, la théorie de la souveraineté va du sujet au sujet, car elle met en évidence comment un sujet (l'individu qui a des droits, des capacités etc.) devient sujet, c'est-à-dire assujetti au pouvoir. Au contraire de la théorie juridique de la souveraineté, l'analytique foucaldienne du pouvoir ne part pas des sujets mais des relations de pouvoir, et essaie de voir

1. M. Foucault, « *Il faut défendre la société* », *op. cit.*, p. 33.
2. *Ibid.*, p. 17.
3. *Ibid.*

comment elles forment les sujets : il faut analyser la fabrication des sujets plutôt que la genèse du souverain[1]. En d'autres termes, Hobbes pense le rapport entre le pouvoir et le sujet comme un assujettissement; Foucault aussi mais surtout comme une subjectivation[2]. On trouve ici un des aspects les plus connus de la philosophie de Foucault, je serai donc très bref.

Selon Foucault, la question du pouvoir est intimement liée à celle du sujet. La généalogie analyse les mécanismes de pouvoir afin de montrer les dynamiques de formation des discours et de constitution des sujets[3]. Une condition essentielle de l'analytique du pouvoir est donc le dépassement de l'idée selon laquelle le pouvoir s'exerce d'une façon juridique et négative, c'est-à-dire comme puissance du « non », incapable de produire, voué seulement à interdire, à poser des limitations. À cette représentation du pouvoir Foucault oppose une représentation technico-positive[4], car, selon lui, le pouvoir possède avant tout une fonction positive, celle de « produire ». Par production, affirme Foucault, il ne faut pas entendre seulement la production dans un sens strictement économique, mais aussi la production de savoir, la production d'attitudes dans l'école, la production de santé dans les hôpitaux ou la production de force destructrice dans l'armée[5]. Pour la généalogie foucaldienne des années 70, le pouvoir produit la subjectivité. Cet aspect nous conduit au dernier point.

POUVOIR SOUVERAIN ET BIO-POUVOIR

Le dernier aspect, mais non le moins important, que je voudrais traiter est le rapport entre pouvoir souverain et bio-pouvoir. À partir du XVIIe siècle, on assiste, selon Foucault, à une progressive transformation du rapport du pouvoir avec la vie et la mort. Le pouvoir souverain a longtemps été caractérisé par le droit de vie et de mort : « droit de *faire* mourir ou de *laisser* vivre »[6]. On a ici une forme juridique typique d'une société dans

1. M. Foucault, « *Il faut défendre la société* », *op. cit.*, p. 37-39.

2. L. Bernini, *Le pecore e il pastore. Critica, politica, etica nel pensiero di M. Foucault*, Napoli, Liguori, 2008, p. 110.

3. Voir, par exemple, M. Foucault, « Le sujet et le pouvoir », art. cit., p. 223 ; *id.*, « Foucault », dans D. Huisman (éd.), *Dictionnaire des philosophes*, Paris, P.U.F., 1984, t. I, repr. *Dits et écrits*, *op. cit.*, t. IV, p. 632 ; et « Entretien avec M. Foucault », art. cit., p. 147.

4. « Entretien avec M. Foucault », art. cit., p. 148-150.

5. M. Foucault, *Surveiller et punir. Naissance de la prison*, Paris, Gallimard, 1975, p. 221.

6. *Id.*, *La volonté de savoir*, *op. cit.*, p. 178.

laquelle le pouvoir s'exerce comme instance de prélèvement; le pouvoir est avant tout droit de prise, et donc aussi de s'emparer de la vie pour la supprimer[1].

À partir de la moitié du XVIIe siècle s'opère un changement et on voit naître un pouvoir qui a pour but de produire des forces, de les faire augmenter et de les ranger, plutôt que de les bloquer, de les plier ou de les détruire: « un pouvoir qui gère la vie »[2]. Le pouvoir devient un agent de transformation de la vie humaine, un agent pour lequel la mort n'est plus l'instrument de domination le plus important, mais « la limite, le moment qui lui échappe »: au vieux « droit de *faire* mourir ou *laisser* vivre » succède le « pouvoir de *faire* vivre ou de *rejeter* dans la mort »[3].

La fin de la souveraineté est circulaire (c'est la soumission des sujets à la souveraineté), tandis que la fin du gouvernement auquel vise le bio-pouvoir est dans les choses sur lesquelles il s'exerce, elle est le perfectionnement des processus qu'il dirige, et ses instruments sont des tactiques multiformes; on a donc une pluralité de fins et de moyens spécifiques[4].

Cette nouvelle forme de gouvernement est strictement liée au développement du capitalisme. La souveraineté n'était plus suffisante pour gérer l'explosion démographique et l'industrialisation de la société moderne. Selon Foucault, « à la vieille mécanique du pouvoir de souveraineté beaucoup trop de choses échappaient, à la fois par en bas et par en haut, au niveau du détail et au niveau de la masse »[5].

Et en effet, le bio-pouvoir prend deux formes principales. La première a pour objectif le corps, le renforcement de ses aptitudes, la croissance de son utilité par rapport aux impératifs des structures dans lesquelles il agit: c'est la discipline. La deuxième forme se réalise dans la bio-politique de la population, qui a pour objectif les phénomènes collectifs: elle vise à réglementer, par des dispositifs de sécurité, ce qu'il y a d'aléatoire dans chaque population[6].

1. M. Foucault, *La volonté de savoir*, *op. cit.*, p. 177-179 et « *Il faut défendre la société* », *op. cit.*, p. 214.

2. *Id.*, *La volonté de savoir*, *op. cit.*, p. 179.

3. *Ibid.*, p. 179-182 et « *Il faut défendre la société* », *op. cit.*, p. 220-221.

4. *Id.*, *Sécurité, territoire, population*, *op. cit.*, p. 101-104.

5. *Id.*, « *Il faut défendre la société* », *op. cit.*, p. 222.

6. *Ibid.*, p. 213-221; *id.*, *La volonté de savoir*, *op. cit.*, p. 183 et *Sécurité, territoire, population*, *op. cit.*, p. 3-25.

Toutefois, la souveraineté ne disparaît pas, mais reste une partie constitutive des mécanismes du pouvoir[1]. Bio-pouvoir et pouvoir souverain sont des formes différentes de pouvoir, que Foucault en vient même à définir comme incompatibles, mais qui, malgré tout, sont toutes les deux présentes dans les dispositifs de pouvoir de notre société : le bio-pouvoir, affirme Foucault, n'efface pas la souveraineté, mais la pénètre et la modifie[2].

Ceci devient évident si on considère de quelle façon la mort continue à prendre une place si importante dans les mécaniques du pouvoir. C'est exactement quand le pouvoir commence à s'exercer positivement sur la vie que la mort fait irruption dans la politique avec un impact inimaginable auparavant[3]. Les guerres ne sont plus menées au nom du souverain qu'il faut défendre, mais au nom de l'existence de la population dans sa globalité : le génocide devient le rêve des pouvoirs modernes. L'envers de la biopolitique c'est la thanatopolitique. Le droit de mort est subordonné aux exigences du bio-pouvoir. Cela signifie que le pouvoir a encore besoin du droit de mort : mais comment un pouvoir dont la finalité est de renforcer la vie peut-il donner la mort[4] ? La réponse de Foucault est que le *racisme* est le fondement sur lequel le pouvoir exerce son droit de mort, dans un système politique centré sur le bio-pouvoir.

Dans le système du bio-pouvoir, tuer devient admissible seulement si la finalité n'est pas simplement la victoire sur l'ennemi, mais l'élimination du danger biologique et le renforcement de la race : le racisme devient la condition d'acceptabilité du fait de donner la mort ou d'exposer à la mort[5]. Selon Foucault, le régime nazi est emblématique : il est le régime le plus disciplinaire et régulateur/biopolitique qu'on n'a jamais projeté. En même temps, on trouve, en son intérieur, un développement paroxystique du vieux pouvoir souverain de tuer[6].

1. M. Foucault, *Sécurité, territoire, population*, *op. cit.*, p. 109-111 et « *Il faut défendre la société* », *op. cit.*, p. 35.

2. *Id.*, « *Il faut défendre la société* », *op. cit.*, p. 32, p. 35, p. 214.

3. *Id.*, *La volonté de savoir*, *op. cit.*, p. 179-180.

4. *Ibid.* et *id.*, « *Il faut défendre la société* », *op. cit.*, p. 226-227 et « The Political Technology of Individuals » (Université du Vermont, octobre 1982), *in* P. H. Hutton, H. Gutman, L. H. Martin (eds), *Technologies of the Self : A Seminar with Michel Foucault*, Amherst, The University of Massachusetts Press, 1988 ; trad. fr. P.-E. Dauzart, « La technologie politique des individus », repr., *Dits et écrits*, *op. cit.*, t. IV, p. 815-816.

5. Michel Foucault, « *Il faut défendre la société* », *op. cit.*, p. 227-228.

6. *Ibid.*, p. 71-72 et p. 231-232.

Cela explique pourquoi Foucault affirme que le but de ses recherches est « l'étude de la rationalisation de la pratique gouvernementale dans l'exercice de la souveraineté politique »[1].

Selon Foucault, entre le bio-pouvoir et le pouvoir souverain, il y a aussi d'importantes différences en relation au rapport entre visible et invisible dans l'exercice du pouvoir. Le souverain hobbesien est un « pouvoir visible (*visible power*) », qui garantit la paix civile grâce à la peur des punitions[2]. Aussi, l'autocrate doit être, dans un certain sens, bien visible, car il doit se montrer aux sujets pour engendrer leur crainte révérencielle[3]. Cette logique soutient ce que Foucault appelle le « spectacle punitif »[4].

Dans la structure du *Panopticon* de Bentham – qui est un instrument et un modèle paradigmatique du pouvoir disciplinaire – on a une inversion de l'économie de la visibilité du pouvoir. La logique de l'architecture panoptique est bien connue : de la tour centrale, les surveillants peuvent surveiller les prisonniers qui se trouvent dans des cellules construites de façon qu'on puisse bien voir ce qui se passe à l'intérieur. La lumière, alors, n'est plus le manteau royal qui atteste la souveraineté du souverain, mais la camisole de force qui piège le gouverné. L'individu assujetti est placé dans un « espace de lisibilité détaillée »[5], sous un regard centralisé. La transparence du sujet remplace la visibilité théâtrale du souverain : sous les feux de la rampe, exposé aux yeux invisibles du spectateur, il n'y a plus le souverain, mais le gouverné, seul comme l'était autrefois le souverain.

Le surveillé voit devant ses yeux la tour, il sait qu'il peut toujours être surveillé mais il ne doit pas savoir s'il est surveillé. L'« œil invisible » doit donc, dans un certain sens, être bien visible (la Tour centrale) pour le gouverné, mais le regard du surveillant doit rester invérifiable, et donc invisible[6]. Dans la société de souveraineté, la visibilité est le résultat du fait que le pouvoir sort de sa propre invisibilité. Au contraire, dans la société panoptico-disciplinaire, la visibilité est l'écran qui protège l'invisibilité du pouvoir (le regard du surveillant) et qui rappelle au gouverné l'existence de

1. M. Foucault, *Naissance de la biopolitique. Cours au Collège de France 1978-1979*, éd. M. Senellart sous la direction de F. Ewald et A. Fontana, Paris, Gallimard/Seuil, 2004, p. 4.

2. Th. Hobbes, *Leviathan*, *op. cit.*, p. 152.

3. *Cf.* N. Bobbio, « La democrazia e il potere invisibile », in *Il futuro della democrazia* [1984], Turino, Einaudi, 1995, p. 97.

4. M. Foucault, *Surveiller et punir*, *op. cit.*, p. 14. Voir aussi *ibid.*, p. 51-58.

5. *Id.*, « L'œil du pouvoir » (entretien avec Jean-Pierre Barou et Michelle Perrot), dans J. Bentham, *Le Panoptique*, postface M. Perrot, Paris, Belfond, 1977, repr. *Dits et écrits*, *op. cit.*, t. III, p. 197.

6. M. Foucault, *Surveiller et punir*, *op. cit.*, p. 202-203.

ce pouvoir invisible. Pour le premier, l'invisibilité du souverain est une absence; au contraire, pour le surveillé, l'invisibilité du surveillant est une présence constante. Dans le premier cas, on a une succession temporelle invisibilité-visibilité; au contraire, dans le deuxième cas, la visibilité couvre l'invisibilité et y renvoie perpétuellement. Les deux pôles sont toujours coprésents: plus le pouvoir se rend visible plus il devient invisible; en se manifestant, il se cache.

Un autre aspect caractéristique du bio-pouvoir moderne est l'importance croissante de la norme au détriment de la loi, qui est centrale dans le dispositif du pouvoir souverain. Au contraire de la loi, qui inclut les actes sous des catégories générales, la norme disciplinaire différencie les individus en relation non seulement à ce qu'ils «font» mais aussi à ce qu'ils «sont». De plus, elle hiérarchise et homogénéise, tandis que la loi est toujours armée et fait jouer seulement l'opposition entre ce qui est permis et ce qui est interdit. Dans le système de la loi, ce qui n'est pas interdit est permis, au contraire, dans la discipline, qui établit en détail ce que les individus doivent faire et être, tout ce qui reste indéterminé est interdit[1]. Aussi, la normalisation biopolitique, qui ne coïncide quand même pas avec celle, disciplinaire, se différencie de la loi établie par le pouvoir souverain.

Il existe un dernier aspect qui est, à mon sens, intéressant, mais peu approfondi par Foucault, je veux parler des «paradoxes» du bio-pouvoir, «qui apparaissent à la limite même de son exercice»[2]. La souveraineté hobbesienne présuppose la foi dans la possibilité d'édifier rationnellement et de maîtriser l'ordre politique en vue de la défense de la vie. Les paradoxes du bio-pouvoir sont dus au fait que, d'un côté, il semble renforcer le pouvoir humain sur les choses et sur les hommes, mais de l'autre, il risque de provoquer des processus qui échappent au contrôle humain, et donc à toute souveraineté humaine.

Selon Foucault, le paradoxe du pouvoir atomique est emblématique, car ce pouvoir nous met non seulement face à un pouvoir souverain qui est capable de tuer, mais aussi face à un pouvoir capable de supprimer la vie de l'homme, et donc soi-même comme pouvoir voué à assurer la vie.

Foucault, à mon avis, laisse ici ouverte la question du rapport entre pouvoir souverain et bio-pouvoir. Il fait allusion à deux possibilités. Le pouvoir atomique peut être l'expression d'un excès du droit souverain sur le bio-pouvoir. Dans ce cas, on aurait un pouvoir souverain qui

1. M. Foucault, *La volonté de savoir*, *op. cit.*, p. 189-190; *Surveiller et punir*, *op. cit.*, p. 185 et *Sécurité, territoire, population*, *op. cit.*, p. 47-48.

2. *Id.*, «*Il faut défendre la société*», *op. cit.*, p. 226.

utiliserait la bombe atomique, mais alors il ne pourrait plus être un bio-pouvoir qui assure la vie. Mais, à l'autre limite, on peut avoir un excès du bio-pouvoir sur le droit souverain, excès qui apparaît quand l'homme devient capable non seulement d'aménager la vie, mais surtout de faire proliférer la vie, de fabriquer des êtres vivants, des êtres monstrueux, de produire – à la limite – des virus incontrôlables et destructeurs. On assiste alors à une formidable extension du bio-pouvoir, qui a ainsi la possibilité de dépasser toute souveraineté humaine[1].

On pourrait donc en conclure que la science et la technique modernes poussent le pouvoir sur la nature et sur les hommes jusqu'au point où pouvoir souverain et bio-pouvoir ne peuvent plus coexister. Peut-être est-on ici au niveau de plus grande tension du discours foucaldien[2]. Mais dans le duel qui oppose Foucault et Hobbes, on ne saurait dire qui est le vainqueur.

Hobbes, on l'a vu, représente pour Foucault « l'autre camp »[3]. Je crois qu'on peut affirmer que l'auteur du *Léviathan*, aux yeux de Foucault, est le théoricien politique le plus représentatif de ce que Heidegger a défini comme la métaphysique moderne de la subjectivité[4]; il est le visage politique de tout ce que Foucault a combattu dans sa critique du sujet, ce dernier étant entendu comme *sub-jectum*, fondement.

Pour résumer, on peut conclure que sa critique de Hobbes se développe sur trois plans :

– Un plan historique, qui concerne le rôle de l'État dans la société moderne.

– Un plan théorique, qui concerne le paradigme de pouvoir sur lequel est centré le modèle hobbesien : une idée pyramidale du pouvoir (la souveraineté) à laquelle Foucault oppose une idée réticulaire du pouvoir.

1. *Ibid.*

2. R. Esposito, *Bíos. Biopolitica e filosofia*, Turino, Einaudi, 2004, p. 36.

3. Y. C. Zarka, « Foucault et le concept non juridique du pouvoir », *Cités*, 2, *Michel Foucault : de la guerre des races au biopouvoir*, Paris, P.U.F., 2000, p. 48.

4. Voir, par exemple, M. Heidegger, « Die Zeit des Weltbildes » [1938], in *Holzwege* [1950], in *Gesamtausgabe*, t. 5, Frankfurt a. M., Vittorio Klostermann, 1977, p. 92 et p. 106-111 ; *id.*, *Nietzsche II* [1961], in *Gesamtausgabe*, t. 6.2, Frankfurt a. M., Vittorio Klostermann, 1997, p. 391-397.

– Enfin, un plan pragmatique : selon Foucault, la théorie hobbesienne de la souveraineté est un obstacle pour une critique efficace du pouvoir, et donc pour les pratiques de liberté.

Faut-il alors considérer la théorie hobbesienne du pouvoir tout à fait dépassée et donc inutile pour l'analyse du pouvoir ? Pas du tout. Malgré sa critique radicale, selon Foucault, cette théorie ne peut pas être jetée par la fenêtre, car elle est encore utile pour comprendre certains aspects importants du fonctionnement et de la logique du pouvoir politique dans la société contemporaine. Il faut donc encore s'interroger sur Hobbes.

LES AUTEURS

John DUNN a été professeur à King's College, Cambridge, depuis 1966. Il est actuellement professeur émérite de théorie politique à l'Université de Cambridge et membre de la British Academy. Il est également professeur honoraire à l'Université Renmin à Pékin. Il travaille sur l'histoire des idées politiques et les formes politiques, en particulier, les vicissitudes de la démocratie à travers le monde. Il est, entre autres livres, l'auteur de *The Political Thought of John Locke, Modern Revolutions, Western Political Theory in the Face of the Future, The Cunning of Unreason* and *Setting the People Free*.

Xavier GENDRE est docteur en philosophie politique et en histoire des Universités de Paris et de Fribourg (Suisse). Il est membre du Centre de Philosophie, d'Épistémologie et de Politique *PHILéPOL*, de l'Université de Paris. Ses recherches portent sur les représentations de la figure du prince dans les traités théoriques de l'époque moderne, notamment en France et en Italie. La prochaine publication à paraître est issue de sa thèse intitulée *L'image du prince aux XVIe et XVIIe siècles. Transformations du concept de miroir des princes* et codirigée par les Pr. Yves Charles Zarka et Mario Turchetti.

James GRIFFITH est Assistant Professor au Département de Philosophie, *Middle East Technical University*, Ankara, Turquie. Il est auteur de *Fable, Method, and Imagination in Descartes* (Palgrave Macmillan, 2018), et publie plusieurs articles sur la philosophie politique moderne et contemporaine dans des revues, ainsi que des chapitres dans des livres. Il a traduit en anglais l'ouvrage d'Yves Charles Zarka : *Hobbes et la pensée politique moderne* (Edinburgh University Press, 2016). Il travaille principalement sur le rôle que joue l'imagination dans la pensée moderne des

XVIIe et XVIIIe siècles, sous l'angle de la philosophie continentale du XXe siècle.

Maíra DOS SANTOS MATTHES DA COSTA est doctorante en philosophie à l'Université de Paris et Visiting PhD Student à *European University Institute*, Florence. Ses recherches portent sur la philosophie de la guerre et du droit des conflits armés. Elle a suivi des formations sur le droit humanitaire à l'Institut International de Droit Humanitaire à Sanremo et au sein de l'Organisation des Nations Unies à Genève.

Francesca PIROLA est ancienne élève de l'École Normale Supérieure de Pise. Elle a obtenu son Doctorat en cotutelle entre Pise et Paris (ENS et Université de Paris) avec une thèse sur le tyran et le tyrannicide à l'âge moderne. Elle a publié plusieurs articles et essais en particulier sur Hobbes, Milton et Spinoza, ainsi qu'un livre *Tirannicidio e resistenza in John Milton e Thomas Hobbes* (Pisa, ETS, 2019).

Liang PANG est assistant professeur à l'Université de Pékin (Research Center for Chinese Politics). Ses recherches portent sur la philosophie politique moderne et la théorie sociale (occidentale et chinoise). Sa thèse doctorale sur *La souveraineté de Hobbes à Rousseau* est en cours de publication. Il est secrétaire de l'*Association Internationale des Amis de Hobbes*, et membre associé de *PHILéPOL*, Université de Paris. Il a plusieurs publications dans les revues internationales *Bulletin Hobbes* (France), *Cités* (France), *Rivista di storia della filosofia* (Italie), *Journal of Social Theory* (Chine-Singapore), etc.

Raffaella SANTI est docteur en philosophie et professeure associée en histoire de Philosophie au Département des Sciences Humaines de l'Université d'Urbino « Carlo Bo », Italie. Ses recherches portent sur l'histoire de la philosophie moderne britannique des XVIIe et XVIIIe siècles, en particulier sur la pensée de Thomas Hobbes. Elle a de nombreuses publications sur le philosophe de Malmesbury (y compris trois monographies). Elle est également traductrice du *Leviathan*. Elle est membre de l'*International Research Network on « Natural Law 1625-1850 »* (Universités d'Erfurt et de Halle-Wittenberg), et membre associée de *PHILéPOL* (Université de Paris). Elle est « Fellow » de la *Royal Historical Society* (Londres) et « Socio ordinario » de l'*Accademia Raffaello* (Urbino).

Vincenzo SORRENTINO est professeur de philosophie politique à l'Université de Pérouse en Italie. Il a publié : *Il pensiero politico di Foucault* (Meltemi, 2008) ; *Il potere invisibile. Il segreto e la menzogna nella politica contemporanea* (Dedalo, 2011), ce livre a obtenu le prix national de Philosophie de Certaldo en 2012 ; *Aiutarli a casa nostra. Per un'Europa della compassione* (Castelvecchi, 2018), ce livre a été traduit en français sous le titre : *Face aux migrants : le silence et le regard,* François Bourin, 2019) ; *Senso della vita e abbandono. Viaggio tra filosofia, letteratura e religione* (Castelvecchi, 2020), la première édition de ce livre a été traduite en français sous le titre : *Éloge de l'abandon ou le sens de la vie*, Le Pommier, 2016). Il est co-directeur de *Cosmopolis. Rivista di filosofia e teoria politica* et vice-directeur de la *Rivista Italiana di Filosofia Politica*.

Yves Charles ZARKA est professeur émérite à l'Université de Paris et Global Professor à l'Université de Pékin. Il enseigne également à l'Université de Venise (Ca' Foscari) et à l'Université de Rome (La Sapienza) ainsi que dans d'autres universités à travers le monde. C'est un spécialiste de philosophie politique mondialement reconnu. Sur l'œuvre de Hobbes, il a publié deux ouvrages devenus des classiques et traduits en plusieurs langues *La décision métaphysique de Hobbes : fondements de la politique* (Vrin, 1987, 1999) et *Hobbes et la pensée politique moderne* (P.U.F., 1985, 1999, 2002). Il a également dirigé plusieurs autres ouvrages sur Hobbes, parmi lesquels *Liberté et nécessité chez Hobbes et ses contemporains* (*Descartes, Cudworth, Spinoza, Leibniz*), Paris, Vrin, 2012, *Hobbes et le libéralisme*, Milan-Paris, Mimésis, 2016. Il a fondé et dirige la revue *Cités* (P.U.F.).

TABLE DES MATIÈRES

Achevé d'imprimer en mars 2022 par *La Manufacture - Imprimeur* – 52200 Langres
Imprimé en France – N° d'imprimeur : 220258 – Dépôt légal : avril 2022